新史学文丛

长路

邓小南学术文化随笔

邓小南　著

北京师范大学出版集团
BEIJING NORMAL UNIVERSITY PUBLISHING GROUP
北京师范大学出版社

1958 年与父母、姐姐合影

1969 年在北大荒雁窝岛

1996 年与父亲邓广铭在一起

2006 年神木杨家堡寨考察

2009 年与先生、女儿在德国

2014 年哈佛中古史研讨会致辞

2016 年 9 月北大文研院揭牌会场

2017 年五四发言

目录

上篇　序引·导读·致辞

中篇　随笔·讲座·访谈

上篇　序引·导读·致辞

涵沐于勃勃生气中

——《朗润学史丛稿》自序

和其他学者的自选集不同，这本论集的编纂，完全是在学生的推动下进行的。

我自己尚未酿就收拾旧作的心情，觉得还不到值得总结的成熟时机。这或许是因为，自己在学业上起步很晚——被称为“老三届”的我们这一代人，较我们的前辈、后辈，学术生命要短许多。在我们这个年龄，我们的前辈师长早已经典迭出，著作等身了；比起著述丰厚的同辈，自己也距离颇远。总感觉还没有深刻领悟学术的真谛，没有走出有特点的学术道路，没有真正形成学术的自觉。而尽管顾虑重重，还是在学生集体建议下勉力拿出这些文稿，是希望藉机进行阶段性的整理回顾，给读者提供一些可能的方便，也得以就教于诸多方家。

一

1978年，北京大学历史系中国史专业在高考恢复后首次招生，我在班级里算是年长的(可以引为安慰的，是一向有“大姐”之称)，当时自己的感觉，是赶上了末班车，很希望能够“把失去的时间再追回来”。读书期间，各门课程中名师云集。不仅是本系的老师积极上讲台，校外的刘乃和、王利器、宁可、漆侠、胡如雷、蔡美彪等先生都曾先后应邀前来授课。在“科学的春天”这样一种大环境下，老师和同学们都十分珍视这种机会，心气很高。

大学二年级，我选修了敦煌学课程，在王永兴、张广达二位先生的悉心指导下，阅读《资治通鉴》与两《唐书》等史籍和陈寅恪先生等前辈著述，开始体味到“研究”二字的份量，有志于寻其门径，窥其堂奥。从本科高年级到研究生期间，注意力逐渐转移到宋代历史，突出地觉察到时代间的内在延续与更革变迁，不满足于依朝代起讫切割时段的研究方式。与此同时也深切感到，宋史学界在对于材料的敏感、议题的致密及分析的深度等方面，应该取法于魏晋隋唐史学界。

本科期间，开始尝试发表考订性的文章。先后刊出的两篇，即《司马光〈奏弹王安石表〉辨伪》和《为肃州刺史刘臣壁答南蕃书(伯二五五五)校释》，都是课业中的札记、作业。值得一提的，或许是自己投稿被拒的经历。我的本科毕业论文，是写两宋之交的传说“泥马渡康王”，当时将注意力集中在考订与“泥马”相关的崔府君其人。文章曾经向南方一家刊物投稿，却始终没有回音。10 年后拿出来再看，不由得很感谢当初拒用的编辑，留给我重新认识与改写的机会。此时的思考方向有了明显的不同，关注重点落在了与该传说相关的事件，以及这些事件在南宋初期发生的政治影响。《关于“泥马渡康王”》一文在我本科毕业 13 年之后，于 1995 年底刊登在《北京大学学报》上。

我的硕士论文选题，受到唐史方向一位师兄的启发，准备做宋代的考课制度。在阅读史料的过程中，感觉宋代文官的考选升迁是一复合式体制，单纯抽出考课一项，不足以准确定位、从整体上予以把握。于是将论文题目调整为《北宋的考课与循资——宋代磨勘制度研究》。1990 年代初，在漆侠、吴宗国、王曾瑜等先生的鼓励下，修订补充，写成了《宋代文官选任制度诸层面》一书；先父邓广铭欣然为之作序。2000 年秋，在日本东洋文库的一次会议上，中岛敏先生郑重讲到该书对于日本学者译注《宋史·选举志》的帮助，看着先生手中已经篇页散乱又精心补缀过的这本小书，我在感动之余，竟一时无语。

1985 年研究生毕业之后，我自己的研究方向，大体上集中在两个方面：一是宋代的政治史、制度史，前者包括当时的政治文化、政治群体和政治事件，后者主要涉及官僚选任、官员考察和文书处理机制。二是宋代的社会史，包括女性史、家族史、士人网络与基层社会组织。研究过程中，经常感觉到不同课题之间的关联与历史内在的融通，也希望能自专题入手，对研究中的界域和屏障有所突破。具体议题的选择，有些是读书期间的学术兴趣引导所至，像有关文官课绩、选任和资序体制的诸篇，有关政绩考察和信息渠道的研究，大体上是这一脉络延伸的结果；有些受到集体性研究项目的引领，像对于吐鲁番女性的研究，对于苏州朱长文、龚明之家族的研究，对于山西洪洞用水秩序的研究等等；也有些选题，是在教学过程中得到了启发。

任教 25 年间，个人对于历史的观察体悟时时渗透在课堂中；而研究的一些选题，最初又是来自教学中的感受。讲授中国古代史课程，使我有更多机会思考不同朝代间的衔接与变迁，像《走向再造：试谈十世纪前中期的文臣群体》、《试谈五代宋初“胡/汉”语境的消解》等文章，即试图突破王朝断限，以期较为完整地把握研究对象。《试论宋朝的“祖宗之法”：以北宋时期为中心》(后来发展为《祖宗之法——北宋前期政治述略》一书)，内容的展开也是受益于教学：自从 80 年代后期讲授宋辽金史专题，有关赵宋“祖宗之法”的问题就一直在脑际徘徊。《掩映之间：宋代尚书内省管窥》议题的出现，是在指导学生论文的过程中注意到，对于宋代内廷高端的文书处理方式，认识至今含混模糊；《剪不断，理还乱：有关冯京家世的“拼织”》也是在带领学生搜讨研读材料的实习中，有感而来。《宋代历史再认识》、《走向“活”的制度史：以宋代官僚政治制度史研究为例的点滴思考》和《永远的挑战：略谈历史研究中的材料与议题》等诸篇笔谈，都是在课程讲义的基础上写成。

《走向“活”的制度史》一文，本来是 2001 年提交给浙江大学包伟民教授主持的“宋代制度史研究百年”研讨会议的短篇，其后发表在《浙江学刊》，当时并未料到会对青年学子产生影响。感到汗颜的是，此后我几乎不再敢写制度史的文章，担心个人实际从事的研究，无法令读者和自己满意。在后来的教学实践中，对于制度的内在理路与外在关联，对于何谓“活”的制度史，有着不断的反思。我曾经对学生说，所谓的“活”，绝非浮泛飘忽，只有肯下“死”功夫，把根基扎在泥土中，才能“活”得了。“活”是产生于沃土的生命力。新议题、新视角可能导致动态鲜活，传统议题诸如官僚机构、制度条文，也可能贡献出通贯深入的新颖见解。新材料的牵动，能使研究“预流”；深读“坊间通行本”，也可能发人所未发。也就是说，盈覆载之间无非是道，而进退之宜、运用之妙，则存乎一心。对于宋代尚书内省的研究，算是对于该认识的一次实践。

在写作实践中，学人通常是“顺着”历史事实自有的发展逻辑摸索叙述；而议题的浮现，其实往往受到现实问题的刺激和现有研究的启迪，而生发出“逆向”的回溯。研究过程中，经常感觉到历史源流对于“今日现象”的意义，希望能够触及这表象背后的脉络与由来。

我们所面对的“历史”本身，无疑是具有历史性的。历史的真实场景一过即逝，而对于这种“真实”的追求，却是漫长而无止境的过程。学人之所以会乐此不疲，是由于其中充满着往复对话，充满着新材料、新思维的刺激，充满着再认识的兴奋。这种“再认识”，本质上是批判性的：既有敏锐的观察，又有沉潜的琢磨；既包括对于个别史料、史事的审视辨析，也包含着对于学术路径的探索与反思。

历史学不是能够急功近利的学科，而是充满人文关怀、睿智博通的学问，带给我们深邃的人生体悟。当今的中国，自历史中走来；无论个人具体的追求是什么，总要在历史的脉络中探求今日与明天。这种丰厚的积淀，是我们心灵中的“魂”与“根”，是精神上充实感的由来，也是历史学的核心价值所在。

二

在提及自己的学史经历时，我最怕听到的是“家学渊源”。在这方面，我清楚自己的差距太远。我是在而立之年才真正接触到历史学科。我知道，我走上史学道路，父亲是感到欣慰的。但在我的青少年时期，父母从未刻意培养或限制我的兴趣；对于我的志向选择，也从未过多干预。这是出于父亲的开明，或者他心中可能曾有什么顾虑甚至难言之痛，以前我从未想过。回头来看，父亲对我最深的影响，应该说是熏陶渐染的“平日不言之教”。生活在一个艰难与期望并存、坎坷与憧憬共生的时代，从前辈到我们，都有诸多无奈，也有不甘放弃的奋争。“味无味处求吾乐，材不材间过此生”，老庄的哲思，稼轩的慨叹，时常在心中盘桓。

我经常感觉到自己是比较幸运的。即便是在“文革”期间那艰难的岁月中，北大荒的老职工们也曾用宽厚的胸怀包容着我们“知青”。研究生毕业后，我有幸留在北京大学任教，受到前辈师长的扶掖，得到朋辈学友的温暖。我所在的中国古代史研究中心，1980 年代初由邓广铭、周一良、田余庆、宿白、王永兴等学界前辈共同倡导建立，筚路蓝缕，发展为如今的学术重镇。在这一研究群体中，旨趣各不相同的学人相互理解，彼此尊重，切磋琢磨。开阔的视角、敏锐的思绪，时时映入眼界。这种纯净自然的学术氛围，润物无声的滋养沃泽，使我受益匪浅。

这些年来，学生们经常是我文章的第一批读者。他们活跃而犀利的评论，常能予人启发，也使我看到日后学界的希望所在。我从 1970 年代边疆农村茅草土坯校舍中的小学教师，到 80 年代站上北京大学的讲台，环境条件有巨大变化；不变的是：面对学生澄澈无邪而渴求真知的目光，时时感觉到自己的责任。和学生在一起，作为一名教师，是我毕生的幸事，也是对于自身能力素质的锻炼及挑战，这种经验使我感受工作的意义，享受人生的价值。

我明白，与前辈、同辈相比，自己的知识结构有明显欠缺，研究面相当狭窄；意识到应该拓宽，却又感觉力不从心。回首看看这些年的经历，应该说，自己的“道路”是边摸边走，而不是规划好蓝图，胸有成竹，再按部就班去建设的。在有限的活动范围中，我希望效法前辈的精神气象，也争取做得切实。朱子说“学者悠悠是大病”，这不仅是用以提醒学生的话，更是经常告诫自己的箴言。

八年前，我所敬仰的前辈李埏先生，在赐赠大著文存的同时，引述了陶弘景的诗句“只可自怡悦，不堪持赠君”。老先生虚怀若谷、洒落旷达的境界与襟怀，面对旧作之审慎郑重态度，使我非常感动。我理解先生那寥寥数语中，寓含着对于后辈的叮咛；也清楚地知道，学人的表现，最终要靠文章说话，作品一旦完成，自我解释就显得多余。今天，自己的论文将要结集面世，心中十分忐忑，不知奉献给读者的，是否称得上合格的作品。

三

这部文集，大体上呈现出我个人的一些学史心得。

而这些“学史”文稿的丛编，以“朗润”命名，既是因为自己歆慕学人治史的清朗润泽、温和蕴藉气息；也是因为大概可以说，我的学史生涯自北京大学的朗润园开始，也在朗润园得到延展。从1961年随父母入住朗润园，到2001年我和先生、女儿迁居蓝旗营，除去中间在北大荒将近10年，前前后后在燕园这静谧的角落里生活了30多年。八九十年代的朗润园，被称为“北大的中南海”，曾经是“谈笑有鸿儒，往来无白丁”。而在2001那一年，我所工作的北京大学中国古代史研究中心又迁入了朗润园。如今的这片天地，有中古史中心，也有国家的发展研究院，传统的屋檐下，洋溢着活力与生机。我也希望自己能够涵沐于这派勃勃生气之中。

论集中收录的文章，内容基本维持原貌，少数篇章的文字略有调整。现在读来，感觉内容阐发不准确、不到位处颇多，如果是重新研讨重新结构，会有不同的分析角度及表述方式。文章中涉及的不少问题(例如司马光文集的版本问题，例如崔府君信仰的问题，等等)，学界已经有了更为专门细密的研究、更加确当深入的成果，敬请读者参照。文章中原本注释方式各不相同，学生们不惮烦劳，帮忙做了补充统合工作。征引文献版本，未予通同统一；有些出处，为便于读者查阅，更新为近年来正式出版物的刊发信息。

最后，要感谢中华书局多年来对于学术事业的鼎力支持。非畅销的学术读物得以面世，仰赖于出版界同道的热心与扶助。本书编辑出版过程中，承蒙李岩、徐俊先生关心过问，王传龙先生检核沟通，付出了许多心血，谨致以由衷谢忱。

2010 年 5 月于北京大学朗润园

（原载《朗润学史丛稿》，中华书局，2010 年）

一路走来

——《宋代历史探求》学术自述

面对“学术自述”几个字，感觉十分忐忑。我们这一辈人的学术经历，与我们的前辈、后辈颇不相同。我个人已经年逾耳顺，事业却仍然乏善可陈。所能提供的，只是一些曲折路途中的“家常”体验。

一

我家中姐妹三人。我出生时，父亲邓广铭、母亲窦珍茹都已经年逾四旬。没有和姐姐可因、可蕴排行，而是起名为“小南”，我长大后一直感觉父母当时可能强烈地希望要个“小男”孩儿。这使我很怕自己会辜负了他们。印象极深的是，我还童稚未脱时，先母就叮嘱我，作为一名女性，事业上一定要自立。

我从王府大街小学、北大附小、北大附中初中，一路自由自在地上学读书，当时的个人理想是有朝一日成为一名作家。13 岁时母亲去世，无忧无虑的小天地似乎褪去了绚烂的色彩。两年之后的“文化大革命”，更是骤然间改变了无数人生活的轨迹。学校停课，老师遭受批斗，父亲被打成“反动权威”，关进牛棚，“红卫兵”几度抄家，室内灰尘弥漫，书柜上下贴满了封条。

我的青年时代，从 18 岁到 27 岁，是在黑龙江生产建设兵团度过的。下乡时，简单的行囊中除去毛主席著作、鲁迅杂文选，几乎没有其他的印刷品。北大荒的广袤天地接纳了我们。尽管“出身不好”，1973 年、1975 年，连里、营里的老职工们还是两度投票推选我作为工农兵学员上大学，但终于因为父亲的“资产阶级学术权威”问题而政审未能通过。

1977 年我回到北京，曾经在 172 中学(今人大附中)做初中政治课的代课教师。能够引为自豪的是，我们教的那一届初中毕业班，在海淀区中考的政治课总成绩名列前茅。但初中毕业生教初中，自己始终心虚。当年恢复高考，我十分心动，却并未报名。父亲曾经自高校教师的角度质疑说：“初中生要是能考上大学，那还是大学吗!”的确，边疆农村生活 9 年，初中时学过的知识早已淡忘，何况大学接纳的原本应是高中毕业生。半年之后，看到首次招生的结果，在同辈朋友的劝勉激励下，才决定一试。终于在将近而立之年，考入北京大学历史系读本科，进入“文革”结束后首次招生的中国史专业。

四年的大学生活，紧张而丰富。刚从深痛创伤中复原的历史系，千方百计拨乱反正，尽力回归学术中心。

为保证教学质量，不仅本系老师传道授业，校外的许多名家也登上了北大的讲坛。伴随着当时思想解放的热潮，人文学科出现了前所未有的发展机遇。我们 78 级中国史班，可以算是生逢其时，个个心气高扬。同学们年龄从 16 岁到 32 岁，有的阅历单纯，有的经验沧桑，有的谦逊中渗透出才子禀赋，有的青涩本真而好学颖悟。在这样的氛围中，真正感觉到“水涨船高”的含义。

考研究生，我选择了宋史方向。这不仅是因为先父长期从事宋史研究，也是由于在当时着意于古代史研究的同学中，想学宋史的似乎不多。我们本科时期没有开设正式的宋史课程，而且，宋代被视为屈辱内缩的历史时期，对青年学人的吸引力也不如汉唐。

当时已经年近八旬的父亲，是我的硕士导师。在我求学的路途中，先父对我干预不多，影响却是切近而深刻的。他早年提出的研治史学的“四把钥匙”，即年代学、目录学、职官制度和历史地理，此时不断被学界提及。三年研究生阶段，大体上奠定了日后的方向。记得父亲送给学生们的第一部书，是中华书局出版的《四库全书总目提要》；布置我和同门阅读的第一部史籍，是南宋史家李焘的《续资治通鉴长编》；安排给我们的第一篇作业，是读日本学者桑原骘藏《蒲寿庚考》的研习札记。当时北京大学图书馆还允许研究生借阅线装书，我们时常抱着蓝色函套的《长编》回宿舍，间或路上遇见，不禁相视会意而笑。

研究生阶段后期，已经34岁的我，有了女儿林杉。孩子的出生，带来了无尽的欣喜、无尽的家务，更增添了沉甸甸的责任。她清澈好奇的眼睛注视着周围的世界，纯净欢悦的心灵感染着身边的亲人。在我父亲晚年，祖孙之间的亲情带给老人无限的快慰。那些年里，家中有老人有孩童，自己端坐桌前的时间少了，所思所想头绪多了，读书写作时却不由得更为专注了。

从某种意义上说，我的宋史之路，是从唐史之路开始的。父亲曾经说，“照实说，小南并不是在我的指引之下，而是在陈寅恪先生的高足王永兴教授的加意指引之下而掌握了治学途径的”。我在本科期间曾经跟从王永兴、张广达先生读敦煌文书、读《唐六典》、读《唐书》职官（百官）志，由此开始关注唐代制度。当时面对着一个个陌生的词汇，随着先生们层层次次追索展开，感觉十分新鲜，甚至莫名的激动。研究生期间的选题，实际上是顺着唐代制度延伸下来。直到现在，我仍然认为，青年学生在硕士阶段以制度史研究为题，有利于凿实基础，是不错的选择。

我的硕士论文题目是《北宋的考课与循资——宋代磨勘制度研究之一》，答辩时请来了中国社会科学院历史研究所的郦家驹、王曾瑜研究员。答辩前夜，紧张得难以入睡，我先生林宗成几乎陪我坐了一宿。在答辩委员会老师们的鼓励下，我开始考虑将这篇原本是纲目体的论文改写成书。8年后，仰赖漆侠先生推荐，纳入《宋史研究丛书》，在 1993 年作为《宋代文官选任制度诸层面》一书面世。

二

1985 年硕士毕业后，我留校任教，迄今已经是 30 个年头。中国古代史研究中心从开初的“惨淡经营”，到如今成为海内外瞩目的教育部重点科研基地，我们见证了这一过程，也成为直接的受益者。同侪们志趣关怀相近，彼此切磋砥砺，朗润园古雅的院落中充满着学术的活力。

阅读前辈学者的著述，常有一种感觉，即无论研究什么具体问题，他们胸中纵横的大局观、前瞻性的视野总是能够充分体现出来。去粗取精、去伪存真的材料辨析过程和由此及彼、由表及里的贯通融汇能力，令人感叹不已。这种境界，虽不能至，然心向往之。

我个人的研究方向，大体上集中在两个方面：一是宋代的政治史、制度史，包括当时的政治文化、政治群体和政治事件，以及官僚选任、考核、按察乃至文书处理机制。这类议题延续了就学期间的关注，近年来也有一些基于阅读与阅历的体悟。中国专制集权的帝制阶段长达两千年之久，其政治影响是扩散性渗透性的，绝非仅限于官僚机构、仅限于社会上层；研究中国历史上的任何重要问题，即便看似与政治无关的经济、文化、环境、科技、性别、社会生活等等，一经深入展开，便摆脱不了与“政治”的干系。这种弥漫式的政治影响力，至今也还存在，这让学人体会到政治史研究的意义所在。二是宋代的社会史，包括女性史、家族史、地方性士人网络等等。这一方向的选择，是受到 90 年代以来社会史、文化史研究潮流的推动，希望对于当时的“社会”有所了解。这些年来，我所开设的研究生课程，像“宋代政治制度史专题”“唐宋妇女史专题”，基本是围绕这两个方面。研究与授课过程中，一方面感觉分身乏术，另一方面也领悟到不同课题之间“所以然之故”与“所当然之则”的关联，领悟到历史内在的融通，希望能自专题切入，对研究中的畛域和屏障有所突破。

有不少学者指出，好的问题，是成功研究的开始。所谓“问题”，可能从个别疑惑、点滴体悟中产生，却不是零碎想法的堆积。真正有意义的议题，要经过沙汰梳理，在材料的基础上，体现出逻辑的指向。所有宋史学者，在研读过程中，大概都不可避免地遇到赵宋王朝所谓的“祖宗之法”问题。这并不是一个新鲜的论题，宋代史料中有“迸发”式的涌现，近千年来有不同程度的关注与评说。1986 年，先父《宋朝的家法和北宋的政治改革运动》一文发表。其后，我在历史系开设“宋辽金史专题”课程，曾经准备讲授有关“祖宗家法”的内容。备课中我才发现，相关问题像纷繁叠套的纽结，牵涉广泛，凭自己的学力尚无法解开。从那时起，这一问题便总是盘桓在我的心头。直到 2006 年，《祖宗之法——北宋前期政治述略》一书才在三联书店出版。书中，我试图将学界讨论多年的“祖宗之法”置于具体的历史语境之中，既观察当时的“说法”也观察其“做法”，进而从整体上观察宋代的政治生态环境。

作为一门学科，历史学对于我们的吸引力，是与它所面临的挑战紧密联系在一起的。诱导我们走上这条学术道路的，是历史学所仰赖、所辨析的丰富材料，也是历史学所关注、所回应的特有议题。“材料（史料）”与“议题（问题）”，是历史学者终日涵泳于其间、终生面对且尽心竭力处理的对象。从某种程度上说，研究水平的高下，正是取决于论著者对于“材料”与“议题”的把握方式。在各学科体系重组、知识结构更新的时代背景之下，希望求得实质性的学术突破，而不是满足于用语、词汇的改变，必须从议题的厘清与选择、从材料的搜讨与解读开始。

从根本上说，历史学是一门注重反思、注重辨析与评判的学问，其意义不能止步于鉴赏与弘扬。学人对于史实的不懈追索，对于既往的殷切关注，重心不仅仅在于纷纭斑驳的“说法”；其“核心关怀”凝聚在对于趋势、道路的探求，对于民族性格、文化底蕴的洞察。真理自实践而来，靠实践检验。人类生生不息的历史，正是这实践的过程；世间的创新，也是在不断“试错”的实践中完成。学习历史，不是寻求回应现实的百宝箱，而是经过实践的萃取提炼、认知的累积升华，得以启人心智。

三

建设北京大学人文学科教学与研究的优质“品牌”，是同事们和我多年的愿望与追求。世界一流，引领方向，是所谓“品牌”的实质意义。这一工作不是一朝一夕的突击所能奏效。秉承历史系传统的低调风格，大家都是少说多做，实实在在地向这一目标努力。

20世纪80年代中期以后，我长期担任教学工作，包括北京大学文科实验班、历史系本科一年级的主干基础课“中国古代史(下)”、全校通选课“中国古代政治与文化”、高年级的选修课“宋辽金史”“传统文化与中国古代妇女”；同时也担任历史系和国学院的研究生课程，例如“宋代政治制度史专题”“宋代文献选读”等。这些年里，也曾先后应邀到韩国高丽大学，德国维尔兹堡大学、图宾根大学以及美国哈佛大学等地授课。在教学实践中，陆续积累了一些感想。

“教”与“育”是一个整体。青年学子从成长到长成，是一自然的过程，也是需要激活与引导的过程。就普通教师来说，当前的教学体制虽然使我们有诸多无奈，我们还是要尽可能发挥个人能动性，使自己的教学意识和教学手段具有时代性，努力造就养育良好品格的环境。要以积极达观的人生态度、严谨深邃的学术风格浸染学生，和学生共同营建向上向善的氛围。学生们在燕园的几年，是他们一生中最好的时光，学养的积淀、人生的追求、品格的塑就，都离不开这关键的几年。他们选择了北大，我们有责任给他们创造最有利的成长机会，要对得起他们宝贵的青年时代——这应该是北大教师严肃的承诺。

学生们发自内心的肯定，是对于教师最好的回报。每次走进教室，看到坐得满满的学生和走道上的加座，就感觉到一种责任。2000 年，我教一年级文科实验班，课间一会儿功夫，讲桌上多了一张字条，刚劲规整的字体写着："小南老师，我们爱戴您！"看着这简单朴素的一句话，竟至一时语塞。

我指导的研究生，包括宋史方向和唐宋妇女史方向的博士与硕士，至今已经毕业 30 名。多年来，学生们形成了开放性的"团队"风格。大家只要聚在一起，就会七嘴八舌地讨论争议，犀利的质疑批评中，时而碰撞出敏锐的新见。这种积极互动的热络氛围深深地感染着大家，以致于因故暂时离开集体的同学会感觉"失落"。有学生说：一人走，会走得比较快；而大家一起走，会走得更远。学生们陆续走出校门，怀抱着学术标准、团队精神，去向四面八方。这里又不断有学友充实进来，有博士后、研究生、本科生，有本系的、外校的……大家在积极互动的整体环境中逐渐学习成长。

学生带给我们活力，使得我们"年轻"。能把自己的生命融入学生的青春年华，我感觉愉悦而充实。曾有校外老师告诉我，有北大学生在陈述愿望时，说希望“做个像邓老师那样的人”，我真感到十分幸福。在台湾任教时，有学生高兴地自称是“邓老师的台湾儿子”。成功大学历史系和德国图宾根大学汉学系的学生，都多次追问：“邓老师什么时候再来?”这深厚的情谊使我感动不已。有时会想，如果人有来生，我还是选择做教师吧。

1994 年，《邓广铭学术论著自选集》由首都师范大学出版社刊行，那是“拨乱反正”之后先父出版的第一部学术论文集。整整二十年之后的今天，我有幸忝列于首师大出版社的“北京社科名家文库”，感觉到的不止是荣耀，更是学术事业薪火相传的责任。

自己的学术生涯起步很晚。教学科研三十年，时时感觉到前辈师长的勉励与扶掖，感觉到同辈友朋的支持与推动，感觉到后辈学生青出于蓝的“倒逼”，也感觉到亲人们的理解与期待。自己著述不多，唯一能够告慰于大家的，是学术上如履薄冰，不敢苟且。

我个人主要的学术领域是宋代历史。之所以将这部小书以“探求”为名，和这些年来的内心感触分不开。面对浩瀚的历史资料、无际的追索空间，体悟到自身的渺小，深怀敬畏之心。曾经读到陆游的诗作《抄书》：“皇坟探八索，奇字穷三苍。储积山崇崇，探求海茫茫。一笑语儿子，此是却老方。”这种“山崇崇”“海茫茫”的崇峻苍茫，决定了“探求”的永无止境。古人探求圣贤本意，探求造化之机；今天的人文学者，亦希望“究天人之际，通古今之变”，不断叩问着历史。

探求，是集体性的事业，需要一代代人的不懈努力。无论“学者”还是“教师”，都是纯洁神圣的称谓。为前辈，为自己，也为后人保留一方学术的净土，这种坚持，在今天不应该成为奢侈。

2014 年 4 月于哈佛燕京图书馆

（原载《宋代历史探求：邓小南自选集》，首都师范大学出版社，2015 年）

问题的提出

——《祖宗之法：北宋前期政治述略》序引

作为儒家礼制的核心，祖宗崇拜的原则与实践对于中国古代的政治、法律、社会等诸多方面都产生过深远的影响。在宋代，这种原则与实践凝聚为所谓“祖宗之法”。围绕“祖宗之法”，在宋代曾有许多不尽相同的提法，例如“祖宗法”“祖宗家法”“祖宗之制”“祖宗典制”，等等。诸多说法的共同之处，在于对本朝前代帝王所施行法度中一以贯之的精神之追念与推崇。

赵宋王朝的所谓“祖宗之法”，并不是一个新鲜的论题。遵行“祖宗之法”，说得浅白一些，就是“一切按祖宗的既定方针办”。这一类寻求既定方针的思维方式，执行者对于既定方针的界定修饰，以及在“既定方针”的说法下各行其是的做法，自古至今的人们都并不陌生。

距今千年之前，宋代的士大夫们对于“祖宗之法”有过许多诠释与阐发。宋人议论中这一提法出现的频率之高、应用之广泛，使得无论做宋代哪一方面研究的学者，都会注意到这个问题。从明清到当代，都有对于赵宋“祖宗之法”的评判，相关的讨论已经持续了将近一千年。

近些年来，关于宋太祖、宋太宗的创法立制以及赵宋“家法”的形成，关于这一“家法”在宋代政治史上的深刻影响，特别是负面影响，学界有不少直接或间接的研究。① 这些研究成果，对后来者很有启发。但以往的一些讨论，受到二元评判模式的局限，尚嫌简单化。时至今日，对于这一问题，应该有更为复杂丰富的认识。而这种认识的形成，显然有赖于我们对于整个宋代政治史的理解与把握。

一、关于政治史研究：以宋代为例

（一）“问题意识”：政治史的研究导向

政治史研究，通常注重时代的走势，注重整体性的把握，是大陆学界的传统优势所在。近些年来，伴随着

① 20世纪80年代后期以来，直接或间接研究宋代“祖宗之法”（“祖宗家法”）的论著日益增多。就其广义进行研究者，有邓广铭《宋朝的家法和北宋的政治改革运动》[《中华文史论丛》第3辑（总第39辑），85～100页，上海，上海古籍出版社，1986]；王水照《“祖宗家法”的“近代”指向与文学中的淑世精神》（见氏著《宋代文学通论》，绪论“宋型文化与宋代文学”，4～18页，郑州，河南大学出版社，1997）等。就其狭义进行研究者，如张邦炜《宋代皇亲与政治》（成都，四川人民出版社，1993）等。台湾学者刘静贞《皇帝和他们的权力——北宋前期》（台北，稻乡出版社，1996）虽然并非直接讨论“祖宗之法”，但所涉及的时段与本书接近，所处理的问题具有相当的广度与深度。余英时《朱熹的历史世界——宋代士大夫政治文化的研究》（北京，生活·读书·新知三联书店，2004）对于两宋政治文化走势的整体把握，对于“国是”问题的深刻观察，都给予笔者多方面的启发。

对于既往史学研究中存在的问题与缺陷的反思，伴随着社会史、文化史的升温，相对于多元研究取向的发展，该领域的研究面临着寻求学科生长点的迫切问题。宋代政治史也不例外。

如所周知，学术领域中实质性的进展，并不仅仅由成果的数量决定；只有表层的平推、扩展远远不够。依照某种现成的模式，我们可以填补很多“空白”；但这也许并不意味着对于结构性的社会文化环境、政治体制，对于产生一系列人物、事件、制度的时代之深入理解。描述性的研究提供了再认识的基础，但满足于此，则会造成学术史意义上的停滞不前。如果我们批评宋代的政策政风，还只痛愤于因循保守；剖析宋代的官僚制度，还只斥责其冗滥与叠床架屋——这与宋代士大夫们的认识相比，究竟有多少提高？相对于我们所处的时代而言，实际上是思维方式的倒退。

我们所面临的挑战是：怎样才能在既有的基础之上有所创新，实现认识论意义上的进步？我个人觉得，回应这一挑战，首先需要在“问题意识”方面有所突破。对于“问题意识”的强调，有利于寻找学术前沿、减少浅表层次的重复，有利于促进论点的提炼与思考的深入。

所谓“问题意识”，是指研究者需要通过思考提出问题，把握问题，回应问题。“问题”决定于眼光和视野，体现出切入角度和研究导向，寓含着创新点。突出“问题意识”，就要以直指中心的一系列问题来引导并且组织自己的研究过程。这样的研究，才会言之有物，具备洞察力；才会致力于探索事物发展的实在逻辑，而不以重复大而无当的“普遍规律”为目标。

对于“问题”的关怀，作为研究中的导向，使得各个研究领域的切分界限不再清楚，有利于调动诸多学术门类的研究力，实现多学科的交叉与结合。就宋史研究的不同领域而言，笔者个人曾经接触过宋代政治、文官制度、区域性家族、妇女史等方面的一些论题，在感到捉襟见肘、分身乏术的同时，也体悟到课题之间的关联。历史现实本来没有那么多的界域和屏障，人为地将其拆解开来是为了研究的专门与方便，而这种“拆解”却可能造成理解中的隔膜与偏差。近些年的学术实践使我们看到，以“问题”为中心组织研究，是跨越学科界限、促进交汇融通的有效方式。

宋代政治史研究的生机，来自具有牵动力的议题。如何突破以往各自为战的叙述框架，将政治与社会氛围、与文化环境、与思想活动联系起来考察，把貌似抽象的政治结构、政策取向“还原”到鲜活的政治生活场景中加以认识，赋予政治史研究以应有的蓬勃生命力，我们需要新的问题、新的视角；与此同时，或许更为重要的是，我们应该更加关注提问与回应的方式。①

---

① 在一段历史进程中，找寻到我们希望看到的内容，再容易不过。先罗列制度规定，再填充数件例证，这样的做法，恐怕不能算是“实证”史学。

略加注意即可发现，在有关宋代研究的大量著述中，作者本人的预设常会或隐或现地显露出来。二元论的认识方式，我们时时可能遇到：对于新政、变法等重大事件，全盘肯定或全盘否定；评价特定群体政治倾向时，笼统的“改革”或“保守”；此外，诸如“前进—倒退”，“传统—现代”等等，迄今仍未完全摆脱贴标签式的简单化提法。当然，我们也颇感欣喜地看到，近年来，对于“国家”与“社会”、“官方”与“民间”等范畴，越来越多的研究者不仅注意其对立，亦注意其参差交错与衔接，出现了更为丰富切当的分析。①

任何一种具有解释力的研究模式，任何一种评价体系，都需要由微见著的考订论证作为其逻辑支撑，都需要追求问题设计的层次化、细密化。就政治史的讨论而言，要注意鼎革、突变，更应该探求渐次过渡、承接递进的脉络；既要看到时代变迁的影响、制度之间的差异、行为选择趋向的不同，也应该辨识其内在理路的传承与融通。也就是说，要注意前与后、彼与此之间的衔接与区别、延续及断裂，不仅注意演进的端点，还要探究关键的环节、过渡的层面，这或许有助于提出更为新颖而富于启发性的问题。

在讨论这些问题时，我们所追求的，不是非此即彼的一锤定音，而是多元化、多层次的开放空间，是研究

---

① 这种趋势，在国内的明清史学界表现更为突出。

者的坦诚合力，以期臻于更富活力的学术境界。

（二）过程·行为·关系：政治史讨论的对象

有学者指出，政治史的研究对象，包括国家的统治机构、制度，国家意志与政策，重要政治事件，政治主体、政治势力。[①] 而如果我们试图把握政治史跳动的脉搏，则需要注意政治体制的运作实践，注意使诸多要素活动起来、贯穿起来的线索。

事件、人物、制度，始终是政治史研究所关注的内容。近年来，研究者试图摆脱“人物—事件史”的窠臼，超越“就制度讲制度”的描绘式叙述，转而寻求“事件路径”（“人物路径”“制度路径”）的研究范式，也就是说，不再把个别事件、人物、制度视为自足的研究对象，而将其作为透视时代政治的研究取径和视角，去观察探求社会历史的深层结构。[②] 在这种研究路径之下，政治过程、运作行为、互动关系等等，就成为研究者关注的对象。

就“过程”而言，如今，从事政治史研究的学者们无不注意到长时段研究的必要性。以赵宋开国以来的政治历程为例，如果我们不局限于在朝代更易的框架之下认识问题，则可能注意到，中晚唐、五代乃至北宋初期

---

① ［日］寺地遵：《宋代政治史研究的轨迹与问题》（序章），见《南宋初期政治史研究》，刘静贞、李今芸译，2页，台北，稻禾出版社，1995。

② 李里峰：《从“事件史”到“事件路径”的历史——兼论〈历史研究〉两组义和团研究论文》，载《历史研究》，2003（4）。

（太祖、太宗朝至真宗前期）应该属于同一研究单元。新因素的出现，并不一定与新王朝的建立同步。我们不能跟在宋人的说法后面亦步亦趋，将自己的思路限制于“（本朝）祖宗创业垂统，为后世法”①。

所谓“历史过程”，实际上是涉及多方面、起讫点不一、内容性质不一的多种演变过程交错汇聚而成。② 这些过程，或与王朝递嬗同步，或与朝代更迭参差。这样的动态过程正像川流的汇聚，像转动的链条，是由不同的源流、不同的环节与阶段连续构成的，不追寻环节就看不清演进。习惯上，讨论宋代政治，我们首先会讲到宋初中央集权制度的建立；讲到皇权专制主义分割宰相事权，导致行政、军政、财政权的分立。这无疑都是有道理的。但是，如果我们再对这些制度的渊源稍加考察，那么我们还将发现，北宋前期中枢体系之所以如此设置，是晚唐五代以来历史发展、制度变更一环环过程的结果；而北宋建立之初的改革措施，其实是在相当程度上恢复了宰相的事权。此外，备受重视的防弊之政问题、文武关系问题、稳定与变革问题……诸如此类，无疑都需要置于长过程大背景下予以思考。

政治史是丰富鲜活而非干瘪抽象的。这种鲜活，集

---

① （宋）司马光：《体要疏》，见《温国文正司马公文集》卷四〇，叶 4a，四部丛刊影印宋绍兴刊本。

② 例如中枢机构的设置、王朝实施的法律制度、文书制度、官僚的选任制度乃至同时代的赋役制度、土地制度、家族制度等等，各有其内在的发展轨迹，有起讫不同的历史阶段性。

中体现在它对于政治过程中人的“行为”的关注。在政治史研究中，事件与人物固然是行为的组合；体现为“过程”的制度，其形成、运作与更革，亦与“行为”密不可分。政治原则正是产生于、行用于现实政治行为之中。特定的时间环节、空间位置上发生的行为，即构成政治运作的动力与经过。在以往过分关注“宏大叙事”的抽象概括方式下，曾经有意无意地筛漏掉许多活生生的行为，遗失了无数宝贵的历史信息；而这种抽象本身，又可能受到某种主观意识的支配，不过是某种“历史想象”的表达。当然，如果考虑到我们用以研究的材料的可靠程度问题，事情实际上还要复杂得多。

政治，就其本质而言，是以特定形态体现出的社会关系。“关系”像贯通肢体骨骼的经络，渗透于社会生活的诸多方面，制约着人的行为。即使是规整成文的制度，亦是由牵涉的各类关系、由关系与制度间的张力，决定着运行的实际曲线。

宋代政治史研究中的一些重大问题，本身即是对于“关系”的探究——例如君权与相权的关系、中央与地方的关系、文臣与武将的关系、制度与人事的关系，等等。在已有研究成果的基础上，我们有充分的条件来重新思考宋代官僚政治与制度方面的问题。比如说，诸多重大事件如何围绕政治秩序、政治权力等核心问题展开；在诸多规章制度、诸多设施措置、诸多利益群体背后，发生着协调制约乃至主导作用的，究竟是一些什么样的关系组合？以“关系”网络为关注点，使我们得以观察公开规则与潜在规则的效用，观察“行为”与“制度”的互动。

以“问题”为导向，注重过程、行为、关系的研究，必然促使研究者注意到与政治史交汇的相关层面。在中国古代，制度的构建与意识形态紧密地结合在一起，通过兼具官僚与文儒特质的士大夫们的实践转化为政治行为，表现为决策、实施过程以及诸多政治事件的交错演进。在这样一种整体背景之下，企图认清复杂政治现实的任何一个片段、任何一个层面，都不是容易的事。政治运行所牵涉的，并不仅仅是行政组织的发达程度问题；活跃的政治人物、纷纭的政治事件，也不仅仅是直接因果关系的推演者与铸成物。导致政治变迁更革的因素、动力都是多元的。这里有王朝的政策选择及倾向问题，有不同政治集团的构成及性质问题，也有体制的传承以及内外压力造成的运行机制转换问题。“话语”体系也会改变人们的思维方式。政治生活中具有象征性的仪制乃至“说法”，都可能左右人们的行为，影响事件的过程。正因为如此，需要将更加丰富的内容，纳入我们的研究视野。

（三）学术创新： 学人永远的追求

近些年来，急功近利的不正之风日益引起学界同人的警惕与焦虑。学术成果数量大增的同时，一般水准却未能相应提高。对于这种状况的强烈不满，促使人们把审视的目光转向学术活动过程。为保证学术品质，推动研究深入，需要强调学术规范，加强严肃而有锐气的讨论与交流。

强调学术规范，有助于寻找本领域的前沿，激励学术创新。所谓“规范”，不仅是一系列技术标准，更是使学术受到应有尊重、取得实质进展的保证。学术规范要求研究者自我审视，自我质疑。它所反映的，事实上是学术路径、学术意识、学术境界；其份量来自“学术”二字，来自思想的内在力量。它反映既有的研究、个人的贡献——包括提出的问题、采用的材料、立论的依据与阐发的方法，充分体现认识演进的过程。

对于学术创新、学术水准的追求，无疑体现为艰苦的历程。只有通过自觉的、群体性的持续努力，创造更加开放的讨论空间，形成坦率密集而具有锋芒的学术交流风气，宋代政治史研究才会真正有整体性的明显突破。

一代人有一代人的史学，一代人应该有一代人推进学术的责任感。大陆宋史学界对于政治史的研究无疑有着深厚的基础，这既是我们的长项，又在一定程度上使我们满足于自说自道而忽略了思想的碰撞与交流。如若我们今天还不注重“问题意识”，还不注重学术创新与学术水准，则将愧对我们在相关领域中的同行，愧对从事宋史研究的前辈与后人，也将无以保证历史学的学术尊严。

二、关于宋代的“祖宗之法”

（一）“祖宗之法”：宋代政治史的核心问题

有关“祖宗之法”的讨论，涉及宋代政治史上的核心问题。两宋对于“祖宗之法”（“祖宗家法”）的强调相当自觉，可以说达到了前所未有的程度。宋代历史上许多问题的纽结正在这里。离开对于“祖宗之法”的深切认识，就难以真正透过表层问题揭开宋代政治史的奥秘，同时也难以真正把握宋代制度史的精髓。

宋人心目中的“祖宗之法”，是一动态累积而成、核心精神明确稳定而涉及面宽泛的综合体。它既包括治理国家的基本方略，也包括统治者应该循守的治事态度；既包括贯彻制约精神的规矩设施，也包括不同层次的具体章程。从根本上讲，它是时代的产物，是当时的社会文化传统与政治、制度交互作用的结晶；其出发点着眼于“防弊”，主要目标在于保证政治格局与统治秩序的稳定。

赵宋王朝的“祖宗之法”，并非无本之木、无源之流，它产生于总结继承历史遗产的基础之上；其“本”植根于经历动乱、戒惕动乱的土壤中，其“源”至少需要追溯至晚唐五代。“祖宗之法”精神原则的确立，应该说是奠基于、开始于宋朝的太祖、太宗时期。前辈学者早已指出，“赵匡胤在即位之后，在政治、军事和财政经济诸方面的立法都贯穿着一个总的原则：以防弊之政，为立国之法”。宋太宗总结并且继承了太祖的微妙用意，将其概括为“事为之防，曲为之制”的八字方针，始终不渝地奉为巩固政权之法宝。[①] 但“祖宗之法”的明确提出、其核心精神的具体化、其涵盖内容的不断丰富，都是在宋代历史上长期汇聚而成，也是经由士大夫群体相继阐发而被认定的。

所谓“祖宗之法”，研究者通常认为，包括一些可以举述出来的固定内容。就其通常被赞誉肯定的方面而言，例如限制宗室、外戚、宦官权力，权力的分立与制衡，与士大夫共治天下，不杀言事臣僚，提倡“忠义”气节，后宫皇族谐睦俭约，等等；自北宋中期的石介、邵雍、程颐、吕大防、范祖禹等人就已经在总结本朝诸如此类“超越古今”的“圣政”，今人也有许多深刻精到的分析。[②] 就其负面内容及影响而言，例如“守内虚外”的内政外交总政策造成的国势不振；中央政府的组织机构间、臣僚间相互牵制带来的效率低下；对于带兵出征的将领，强调“将从中御”，甚至以“阵图”束缚前线统帅手脚；为避免割据局面重演，收缩州郡长官权力；倡导

① 邓广铭：《宋朝的家法和北宋的政治改革运动》，见朱东润、李俊民、罗竹风主编：《中华文史论丛》第 3 辑（总第 39 辑），85～100 页，上海，上海古籍出版社，1986。

② 张邦炜：《宋代皇亲与政治》，334～360 页，成都，四川人民出版社，1993；程民生：《论宋代士大夫政治对皇权的限制》，载《河南大学学报（社会科学版）》，1999（3）。

文武臣僚循规蹈矩，防范喜事兴功；不任官而任吏，不任人而任法；在文武关系的处理上，实行以文驭武的方针……凡此种种，不一而足。[①] 约略一看，即不难发现，其中有豁朗开明之处，也有因循保守的方面；有理性务实的措置，也有颟顸荒唐的做法。而在今人眼中相互矛盾的这些表象背后，却共同渗透出宋人意识中的“防弊”精神。

尽管宋代的“祖宗之法”有其基本固定的精神内涵，宋人也曾列举一些特定方面，但这些内容并非以条款方式出现，没有明确严格的范围界定；宋人对于“祖宗之法”的具体理解，实际上也并不相同。所谓“宋人”“宋代士大夫”，并不曾作为一个认知一律的整体存在。在研究这类题目时，需要区分时代的差异，区分行动的群体；而即便是同一群体甚至同一个人，面对不同社会现实，对于“祖宗之法”的认识和阐述也会有所不同。正因为如此，对于“祖宗之法”的讨论，不能纠缠于逐一指认其具体内容，而要将我们的注意力集中在探求其出现过程、其实质精神及其时代影响等方面。

对于“祖宗之法”的研究，不仅对于宋代政治史的认识有其意义，对于我们求得对帝制政治的通贯理解也有

---

① 邓广铭：《宋朝的家法和北宋的政治改革运动》，见朱东润、李俊民、罗竹风主编：《中华文史论丛》第 3 辑（总第 39 辑），85 ~ 100 页，上海，上海古籍出版社，1986；漆侠：《宋太宗与守内虚外》，见《探知集》，151 ~ 167 页，保定，河北大学出版社，1999。

不可忽视的价值。[①] 宋史研究者们都会注意到，在陈邦瞻作于明代万历三十三年(1605 年)的《宋史纪事本末》叙言中，有这样一大段话：

……宇宙风气，其变之大者有三：鸿荒一变而为唐、虞，以至于周，七国为极；再变而为汉，以至于唐，五季为极；宋其三变，而吾未睹其极也。变未极则治不得不相为因。今国家之制、民间之俗、官司之所行、儒者之所守，有一不与宋近者乎？非慕宋而乐趋之，而势固然已。舟行乎水而不得不视风以为南北，治出乎人而不得不视世以为上下。故周而上持世者式道德，汉而下持世者式武力，皆其会也。逮于宋，则仁义礼乐之风既远，而机权诈力之用亦穷，艺祖、太宗睹其然，故举一世之治而绳之于格律，举一世之才而纳之于准绳规矩，循循焉守文应令，雍容顾盼，而世已治。大抵宋三百年间，其家法严，故吕、武之变不生于肘腋；其国体顺，故莽、卓之祸不作于朝廷。吏以仁

① 有关明代“祖制”“祖训”的讨论，参见黄彰健：《论〈祖训录〉所记明初宦官制度》《论〈祖训录〉颁行年代并论明初封建诸王制度》，见《明清史研究丛稿》，1～56 页，台北，台湾商务印书馆，1977；吴智和：《明代祖制释义与功能试论》，载《史学集刊》，1991(3)；许振兴：《论明太祖的家法——〈皇明祖训〉》，见香港大学中文系编：《明清史集刊》第 3 卷，69～96 页，香港，1997；张德信：《〈祖训录〉与〈皇明祖训〉比较研究》，见杨一凡总主编：《中国法制史考证》(乙编)，第 4 卷，408～447 页，北京，中国社会科学出版社，2003。

为治而苍鹰乳虎之暴无所施于郡国，人以法相守而椎埋结驷之侠无所容于闾巷。其制世定俗，盖有汉唐之所不能臻者。独其弱势宜矫而烦议当黜，事权恶其过夺而文法恶其太拘，要以矫枉而得于正则善矣，非必如东西南北之不相为而寒暑昼夜之必相代也。①

陈邦瞻立足于明代中叶，勾勒了“宇宙风气”大变的三个阶段，概括了宋代“制世定俗”的基本方略，也注意到“宋三百年间，其家法严”的时代特性。而所谓“今国家之制、民间之俗、官司之所行、儒者之所守，有一不与宋近者乎？非慕宋而乐趋之，而势固然矣”云云，则使我们联想起上个世纪初严复先生在《与熊纯如书》中的一段话：

古人好读前四史，亦以其文字耳。若研究人心政俗之变，则赵宋一代历史最宜究心。中国所以成于今日现象者，为善为恶姑不具论，而为宋人之所造就，什八九可断言也。②

---

① （明）陈邦瞻：《宋史纪事本末》，1191～1192页，北京，中华书局，1977。

② 严复撰，王栻主编：《严复集》第3册，668页，北京，中华书局，1986。

就朝廷上的政治气候及具体政治制度的渊源而言，很难说元明清数朝直接因循于宋代①；但从近代的“人心政俗”来看，则宋代在政治理念、思想文化方面的历史遗产，确实深深地渗入到中国社会的肌体之中。

（二）“做法”与“说法”

在宋代，信守“祖宗之法”不仅是一种政治行为模式，同时也是一种思想文化模式。所谓“祖宗之法”的轨范，广泛存在于宋代君王及士大夫的理念之中，对于现实政治发生着深刻的影响。但它不是一组可以具象指称的实体，而更接近于一套行为标准、精神原则。

如果我们对宋代的“祖宗之法”加以解析剖分，则可以看到，它实际上是由一系列做法、说法组合而成的。毋庸置疑，两者之间既有区别又有关联；而综括二者的“祖宗之法”，其自身性质、其实际影响，都因此而具有相当的复杂性。诸多相关的做法与说法，有一体两面者，有相互补充呼应者，也有彼此矛盾参差者；对于它们的记载与诠释，有层累叠加，也有涂抹粉饰。正是这些“呼应”或“参差”，“叠加”或“涂抹”，使研究者得以观察提炼问题，得以体悟宋人的感觉，又得以脱出时人对于当朝历史的解释，而进行今日的“聚焦”。

---

① 周良霄即认为：“从严格的角度讲，以北宋为代表的中原汉族王朝的政治制度，到南宋灭亡，即陷于中断。”见周良霄、顾菊英：《元代史》，5页，上海，上海人民出版社，1993；张帆：《元朝的特性——蒙元史若干问题的思考》，见赵汀阳、贺照田主编：《学术思想评论》第1辑，457～480页，沈阳，辽宁大学出版社，1997。

对于宋初政治史上的具体问题，学界已经有了丰厚的研究成果，本书的目标不在于全面系统地叙述铺陈，而是希望通过“祖宗之法”的形成这一侧面，梳理当时的政治过程：考察其“做法”，据以检验宋代历史上相应的“说法”，并进而观察宋人诠释的背景及其寓意。

近些年来，学界对于“政治文化”有不少讨论。① 作为政治体系观念形态的政治文化，反映着长期历史过程中形成的比较稳定的政治倾向和心理。所谓“祖宗之法”，可以说正存在于政治与文化交汇的界面之上，体现着赵宋一代精英世界中流行的政治态度，并且由此而构成当时的政治生态环境。

“祖宗之法”源于政治实践中的摸索省思，回应着现实政治的需求；但它所认定的内容又在很大程度上寄寓着宋代士大夫的自身理想，而并非全然是“祖宗”们政治行为、规矩原则的实际总结。作为经由统治集体不断阐发的一种观念，“祖宗之法”体现着士大夫群体基本的认知与共识，他们为塑造与维护“祖宗之法”，曾经投入了相当的热忱——我们甚至可以说，对于“祖宗之法”的批评，也在一定程度上参与着这种“塑造”的过程。这种热忱、

---

① 有关“政治文化”的概念，参见阎步克：《士大夫政治演生史稿》，2页、23页注1，北京，北京大学出版社，1996；高毅：《法兰西风格：大革命的政治文化》，7页，杭州，浙江人民出版社，1991；陈苏镇：《汉代政治与〈春秋〉学》引言，7页，北京，中国广播电视出版社，2001；孟繁华：《政治文化与中国当代文艺学》，载《中国社会科学》，1999(6)。

这种信念，深深地植根于那个时代的传统之中，影响着当时的行为、制度乃至社会观念，并且就是在那些行为、制度与观念之中，体现出“祖宗之法”精神原则的存在。

应该说明，不宜简单地把赵宋的“祖宗之法”认定为一代政治的“指导思想”。特定决策的产生，首先取决于社会变迁带来的压力，取决于现实政治的需要。但是，距今千年以前的政治家和普通士人们，无论其拥戴、反对，或是依违其间，毕竟都曾经透过这一框架来观察、审视他们周围的一切。因此，从这一视角出发的探讨，无疑有助于了解那一时代的政治特质和思想文化风貌。

三、关于本书的基本内容

（一）本书希望讨论的问题

有学者认为，政治制度分析的最好出发点，是追寻导致某种政策产生的最早政治选择。这些最早的政治选择以及从中产生的各种活动，决定着以后所有的政治和政策。假如我们不理解最早的政治和政策，那么，我们也很难理解其发展的逻辑。[①] “祖宗之法”通常被认为反映着宋代“最早的”政治倾向和政策选择，由此入手，使我们有较多的机会去审视宋代——特别是北宋前期——的历史。

---

① 参见张桂琳：《新制度政治学：研究范式的复归或更新?》，载《首都师范大学学报(社会科学版)》，2002(3)。

赵宋的“祖宗之法”，开创于太祖、太宗时期，当时陆续奠定的政策基调和一系列做法，是宋初政治的中心内容；把这一时期所施行的法度及其精神加以总结概括，将其明确称为“祖宗典故”“祖宗之法”，并且奉之为治国理事之圭臬，则肇始于北宋真宗至仁宗前期。因此，本书所包括的主要时间段，大致是从赵宋开国到仁宗前期，亦即自 10 世纪中叶到 11 世纪前期。这里值得考察的，实际上是两个相互交错的过程：一是赵宋的“祖宗”们实际上如何讲，怎样做；二是“祖宗之法”(“祖宗家法”)作为一种固定的表述方式被北宋真、仁以来的帝王与士大夫们提出，继而被不断发挥阐释的过程。

众所周知，就两宋而言，“外患”与“内忧”事实上无法断然分割，来自外部的压力无疑会影响到内政决策的走向。在讨论宋代历史的任何问题时，都脱离不了这一总体背景。但在传统中国，外交是内政的延伸，对外政策往往取决于内政的需要。赵宋“祖宗之法”，主要是内政方面的措置，它所强调的防范弊端，也主要是指相对于“外患”的“内忧”。因此，本书的讨论，亦基本上围绕宋代前期的内政进行。

讨论宋代历史上的问题，自然不能脱离宋人留下的史料，而且，如陈寅恪先生所说，“对于古人之学说，应具瞭解之同情，方可下笔”①；但与此同时，对于宋人

① 陈寅恪：《冯友兰中国哲学史上册审查报告》，见《金明馆丛稿二编》，247 页，上海，上海古籍出版社，1980。

笔下流露的“宋史观”，我们不能不心存一份警觉。记载“祖宗朝”的材料尽管有不少，但其中杂糅着客观的记叙和时人主观的理解，将其剥离开来很不容易。我们今天的讨论，既要重视宋人的种种说法，又不能停留于此，而要去追溯诸般说法形成的过程，考察在特定情境下，人们对于“祖宗之法”的不同认识与诠释。

如前所述，赵宋的“祖宗之法”，就其内容而言，并非“祖宗朝”明确制定、一成不变的，而是在宋代历史进程中经过层累、叠加而成的；对于它的诠释和阐发，则更有突出的涂抹性质。无数层累叠加甚至涂抹的集合，既放大了、凸显了某些影像，也模糊了、遮蔽了某些事实。这一状况本身，要求或者说迫使研究者仔细审视辨析所熟知的种种事件、种种说法，尝试接近历史过程本身，而不满足于接受并复述萦绕于历史过程之上、被重重编排过滤了的“历史记载”。

本书希望讨论的中心问题，是“祖宗之法”与宋代基本政治格局之间的关系。讨论将涉及以下方面的内容：

——赵宋“祖宗朝”的政治举措及其倾向。被认定为祖宗“垂范立制”的内容，例如王朝的开国基调、统治中枢的基本政治格局、宋初的文武关系、宋代的士大夫政治等等在历史上的形成过程，需要从细节的考察入手，探索研求。

——“祖宗之法”的提出及其被崇奉的过程。真宗、仁宗朝，被公认是士大夫思想比较自由开放的历史时期，在这样的政治文化背景之下，赵宋的“祖宗之法”是如何被概括提炼出来的?

——“祖宗”形象的塑造与“祖宗之法”的神圣化。出于因应时政、增重权威的需要，赵宋的“祖宗”与“祖宗之法”，始终经历着不断再塑造、再诠释的过程。我们有必要撷取典型个案予以分析。

——宋代士大夫往往将形形色色的事件是非、制度因革、人物评判纳入到“祖宗之法”的框架中来认识，其深层的原因，也值得我们注意。

宋代的政治文化，在宏阔的时代背景之下，波澜起伏，异彩纷呈，显现出错综复杂、多元交汇的格局。本书试图将聚焦点集中在赵宋的“祖宗之法”，追踪其形成的背景，分析其主导主流话语的经过，并且关注其影响。书中所讨论的，主要是宋朝前期政治史上的一些片段；所反映的，不过是笔者从个人视角出发，对于宋朝史事及政治生态的些许理解；是“个性化”的解说，而非系统全面的阐论。笔者希望与读者共同进入一个内容相对充实丰盈的“学术角”①，而不是重构整个宋代的政治通史。

十多年前，在拙作《宋代文官选任制度诸层面》中，

---

① 陈平原曾经说，与其写一部屡经稀释的百八十万字的“通史”，不如老老实实，讲完自家的点滴体会，引领读者进入某一已相当充盈的“学术角”。见陈平原：《立足反省的学术史》(《“二十世纪中国学术文存”总序》)，载《中华读书报(家园版)》，2002－09－18。

我曾经写过这样一段话：

> 宋初政治领袖们对于任官制度的贡献，与其说是创建了一套全新的制度，不如说是在强化中央集权的大背景下，对于二百年间不断变更的任官制度加以整理、改造；而且，当时的设官分职，决非先规划出蓝图，再广泛推行，恰好相反，是在“摸着石头过河”的过程中，陆续完成了这样一套体制。①

其实，不仅是任官制度，宋初整个政治制度的建设又何尝不是如此。在写作本书一些章节的过程中，我自己似乎也是在“摸”这河床中若隐若现的一块块石头，企图追寻当年前人踏出的印痕。

选取“祖宗之法”这一角度作为认识宋代政治史的切入点，只是诸多可能的视角之一。由此观察到的问题，可能呈现为“点”状或“线”型，而不可能丰富完备，不可能涵盖一切重大议题。曾经有学者说：人们的眼睛看东西，都是焦点凸显而背景含混；可是，世界上其实无所谓焦点和背景，只是观看者有了立场，有了视角，有了当下的兴趣，这时回头看去，便有了焦点和背景，面

① 邓小南：《宋代文官选任制度诸层面》，1 页，石家庄，河北教育出版社，1993。

前的世界于是有了清晰的和模糊的差异。[①] 焦点的凸显显然有利有弊。若想将我们关心的“真实世界”看得更加清楚，需要千千万万双眼睛，需要无数不同的观察视角。赵宋一朝，存在许多看似矛盾而耐人寻味的现象，有着非常开阔的思考余地，需要整体上更为深刻的把握。笔者相信，多元而良性的互动，无数认识与再认识的碰撞、累积，将使我们对于宋代的历史有更为清晰而确切的理解。

（二）本书的篇章安排

赵宋“祖宗之法”的基本框架形成于北宋前四朝。自太祖朝其原则开始酝酿行用，至仁宗前期效行“祖宗法”的提法正式出现，其间大约经历了七八十年；其后则对该体系少有实质上的补充与创新。本书的讨论，大体上即集中于太祖朝至仁宗朝前期。

在序引以下，第一章的内容，是希望在较长时段的发展背景中，观察历代统治者对于“祖宗”以及祖宗成规故事的尊崇；考察赵宋时期自“闺门之法”的角度对于李唐史事的反思，沟通“正家”与“治天下”的努力，以及“祖宗家法”一说的渊源和基本内涵。

第二、三两章，追溯自晚唐五代而来的演变脉络，考察宋太祖、太宗的创法立制原则，讨论北宋初期政治史上的一些问题。例如从统治人群的转变入手，讨论时

---

① 葛兆光：《中国思想史》第二卷《七世纪至十九世纪中国的知识、思想与信仰》，16 页，上海，复旦大学出版社，2000。

代变迁背景下帝王与臣僚行为模式的转变；以中枢机构二府及其长官为例，观察宋初制度的走势；同时，比对分析宋人有关“祖宗之制”的一些说法，力求把握宋初实际的历史进程。

第四、五两章，考察真宗至仁宗前期“祖宗之法”在朝廷上正式提出及其神圣化的过程，分析“祖宗之法”与士大夫政治间的互动关系。与二、三章大致通贯前两朝的讨论方式不同，四、五两章分别集中于一个时段，以便对“祖宗之法”提出的关键期有更加近距离的观察。

第六章，类似鸟瞰式的概览：循着北宋仁宗中期到南宋后期的不同历史阶段，以一些关键时段为重点，对于赵宋尊崇“祖宗之法”的现象予以粗略的线条勾勒和综括讨论，并进而讨论两宋士大夫对于“祖宗之法”的诠释与对于“祖宗”形象的塑造，藉以观察“祖宗之法”进入主流话语体系之后，对于两宋政治的影响。

在结语部分，将围绕本论题谈一些个人想法。

在决定篇章结构时，笔者希望能够大致依照时间阶段处理，基本上不悖离历史的发展顺序；但为突出中心问题、减少前后文的重复，在部分目次中需要做“纪事本末”式的集中讨论。

20 世纪 70 年代的后期，“文革”刚刚结束，当时，国内理论界曾经围绕两个“凡是”之说展开激烈的辩论。

所谓两个“凡是”，即：凡是毛主席做出的决策，我们都坚决拥护；凡是毛主席的指示，我们都始终不渝地遵循。这两个“凡是”，也近似于那一时代的“祖宗之法”，应该说是产生于思想界长期被束缚、极不正常的政治背景之下。离开对于特定政治生态的认识，今天的人们很难理解当日两个“凡是”的提出。如果我们把注视的焦距再向前推拉一千年，正是赵宋“祖宗”的各项法度酝酿形成之际。比较一下三十年与一千年的差距，反省自己对于往事的认知与把握能力，不禁感到怵惕。

我知道，在我们的学术史上，“误读”的现象实在是太普遍了。学者笔下的历史与他们孜孜以求的历史真相往往难以契合。除去有意识的误读之外，这里有资料的问题、方法的问题，也有学力或是理解力的问题。就个人而言，自己以往熟悉于线性的思维模式与叙述框架，熟悉于以“进步”“落后”，“变革”“保守”作为分析范畴，倾向于对复杂的历史问题做出孰优孰劣的道德价值判别；今次尝试在较为动态的、立体的维度中把握历史事实，是否确实能在现有研究的基础上有所推进，实在不敢预料。我担心自己并没有做好学术基础的积累准备，又缺乏理论上的真知灼见，却因急于贡献一得之见而搅浑了原本容易澄澈清楚的问题。行文干涩，是我写作中的突出毛病，学生们经常批评我的文章难读。一直想改，却收效甚微。这或许是因为，表述的不清晰，其实质原因在于思路未能从根本上豁然贯通。目前书中存在的“隔阂肤廓之论”或“穿凿附会之说”一定不少，祈请师友们有以教我。

（原载《祖宗之法：北宋前期政治述略》，生活·读书·新知三联书店，2006年）

邓广铭先生与《岳飞传》

——《中华现代学术名著丛书》本导读

一

邓广铭（1907—1998），字恭三，山东省临邑县人。著名历史学家。1936年毕业于北京大学史学系，其毕业论文《陈龙川传》深受指导教授胡适的赞赏。他留校担任北京大学文科研究所和史学系助教，此后倾毕生精力从事中国古代史教学与科研。他提出的治史入门的“四把钥匙”，即年代学、历史地理、职官制度、目录学，在中国历史学界产生了重要影响。

邓广铭先生对于隋唐五代宋辽金史有深入研究，治宋史尤其有超越前人的卓越成就。他曾经回顾说，就他个人而言，这样一个学术研究领域之所以形成，从客观方面说，与他求学期间所居处的人文环境、时代思潮和国家民族的现实境遇和他从之受业的几位硕学大师是密不可分的。先生说：

> 把两宋政权从其邻邦那里所受到的政治和军事的欺压，与十九世纪中叶以来的中华民族从东西方诸列强所蒙受的日益加剧的政治欺压和军事侵略相比拟，在今天看来，是不够恰当的；但在当时(按指上世纪中叶)，人们却大都是如此看待的。也正是在这种并不恰当的类比之下，我才选定两宋与辽金对峙斗争的历史时期作为我进行钻研的主要课题。①

20 世纪 40 年代初，在傅斯年先生勉励下，邓广铭决意从事宋史研究，并着手进行《宋史》校正。1943 年，陈寅恪先生为其《宋史职官志考正》作序，称“其用力之勤，持论之慎，并世治宋史者，未能或之先也”，“其神思之缜密，志愿之果毅，逾越等伦。他日新宋学之建立，先生当为最有功之一人，可以无疑也”。②

邓先生以宋代历史作为主要的研究方向，以撰著宋代杰出人物谱传作为治学生涯的重要内容。自青年时代起，他即对历史上一些建立了大功业、具有高亮奇伟志

① 邓广铭：《邓广铭学术论著自选集》，2 页，北京，首都师范大学出版社，1994。

② 陈寅恪：《邓广铭〈宋史职官志考证〉序》，见《金明馆丛稿二编》，245 ~246 页，上海，上海古籍出版社，1980。

节的英雄人物有着无限憧憬之情；受罗曼·罗兰《贝多芬传》等传记题材的文学作品影响，他发愿要把文史融合在一起，希望像司马迁写《史记》那样，以自己的文笔去书写中国历史上的英雄人物。20 世纪 30 年代中期，他在北京大学读书期间，正值民族危亡的紧急关头，南宋的爱国志士诸如“推倒一世之智勇，开拓万古之心胸”的陈亮，“以气节自负，以功业自许”的“一世之豪”辛弃疾，“尽忠报国”而战功卓著、襟怀雄伟的岳飞，相继引起了他的注意，震撼着他的心灵。在胡适先生的指导下，从《陈龙川传》出发，他终于走上了谱传史学的路子。

周一良先生曾经这样评价邓广铭先生：

> 与一般史学家不同的一点是，他不但研究历史，而且写历史。他的几本传记，像《王安石》、《岳飞传》、《辛弃疾传》等等，都是一流的史书，表现他的史才也是非凡的。……他在史学、史才、史识三个方面都具有很高水平。这是当代研究断代史的人很难做到的一点。当代研究断代史的人，很少有人能够既研究这一段历史，又能写这一段历史。①

① 周一良：《怀念邓先生》，见《仰止集——纪念邓广铭先生》，38 页，石家庄，河北教育出版社，1999。

邓广铭宋代人物传记系列的代表作，主要是《北宋政治改革家王安石》《岳飞传》《陈龙川传》《辛弃疾（稼轩）传》与《韩世忠年谱》《辛稼轩年谱》六部著述，亦即四传二谱。这几部著作大多经过反复的修订、大幅度增补乃至彻底改写。其中，《辛稼轩年谱》改写过一次，《岳飞传》改写过两次，《王安石》修订和改写了三次。

追求至真、至善、至美的境界，是邓广铭先生至高无上的学术理想。按照他的计划，原准备在有生之年把四部宋人传记全部改写一遍，但由于疾病而未竟其志。他辞世前，曾经吟诵辛弃疾祭奠朱熹的文字："所不朽者，垂万世名。孰谓公死，凛凛犹生！"这段沉郁而又慷慨的话语，正是邓先生倾尽毕生之力抒写刻画的宋代历史人物共同形象的概括，也体现着他心之所思、情之所系的不懈追求。

二

岳飞是中国家喻户晓的历史伟人和民族英雄，他的崇高爱国气节受到中国人的尊敬和纪念，并且激励和教育着世世代代的中国人。岳飞是中华民族的骄傲，而他的悲剧至今仍然深深震撼着整个民族的心灵。①

岳飞为国家民族建立了卓越功勋，却被民族败类秦

① 王曾瑜：《尽忠报国——岳飞新传》自序，1页，石家庄，河北人民出版社，2001。

桧、赵构等人以“莫须有”的罪名惨酷致死。当其时，秦桧奸党凶焰炽烈，多方肆虐，以致没有人敢在岳飞惨遭横祸之后，立即把他的生平事迹和言论丰采全面系统地记载下来，写成行状或墓志铭之类。从绍兴八年到绍兴二十五年(1138—1145)，南宋政府的史馆一直为秦桧及其子弟党羽所把持，他们不但尽可能隐匿岳飞的功状，还为岳飞虚构了一些罪言罪行，遂使官方的记载失实甚多；与岳飞具有亲故关系的文人学士们，应该曾有不少涉及岳飞行实及其战功的记述，然而在政治风波之中，有许多材料被焚毁泯灭，其间幸而能保全流传于后世者，有的固极确凿珍贵，有的也只是得诸传闻，捕风捉影，不足置信。孝宗为岳飞昭雪之后，仍然没有出现一篇稍具首尾的岳飞传记。直到 12 世纪末，此时岳飞的诸子全已亡殁，生于 1183 年的岳珂虽还年在弱冠，却遵其父岳霖的遗嘱，于 1199—1203 这五年之内，奋力写成了《鄂王行实编年》一书。岳珂之生上距岳飞之死已及四十余年，而当其执笔写此传记之时，上距岳飞之死则已将近六十年，岳飞生时的部属或友辈多已不在世间，调查访问几无可能。岳飞渡江南下前的一段历史，莫可踪迹；至于岳飞南渡以后，特别是跻身大将以后的一些功状言行，岳珂或因心存避忌而着意隐没，或要锦上添花而以无为有，错讹疏漏颇为不少。

从 13 世纪前叶直到 20 世纪 40 年代之初，先后刊布的有关岳飞传记的作品，为数渐多。但就这些著作的内容看来，或则虚夸，或则诬枉，或则不尽，或则不实；而且陈陈相因，互相蹈袭。以史识论，全无“独断之学”；从史实看，全少“考索之功”。为补正上述有关岳飞史传中的严重缺失，邓广铭先生立志要把岳飞传记的述写提高到学术研究的水平上来。

王曾瑜先生曾经在《缅怀邓广铭师》一文中说：

> 如果说，顾颉刚先生发起的古史辨讨论，是破除了对三皇五帝等的迷信，在真正意义上开始了对上古史的科学研究；那么邓广铭先生敢于对岳珂的《鄂王行实编年》提出质疑，破除对这份传记的迷信，而且广泛网罗宋人载籍，对岳飞史籍重新进行考订，剔除后人加于岳飞的神的虚饰，而还其本人的面目，也是在真正意义上开始了对岳飞的科学研究。①

《岳飞传》一书的前身，是成书于抗日战争期间的《岳飞》。邓先生说，为撰写这一部书，“对于岳飞的事迹，颇费过一些蒐考辨证的工夫”②。在 1992 年撰成的《自传》中，邓广铭先生回忆道：“1944 年春，我应重庆

---

① 王曾瑜：《缅怀邓广铭师》，见《仰止集——纪念邓广铭先生》，339 页，石家庄，河北教育出版社，1999。

② 1951 年 1 月 26 日邓广铭致人民出版社总编室信，转引自陈鹏鸣：《档案里看邓广铭四写王安石》，载《中国编辑》，2015(5)。

一家出版社的约请撰写一本《岳飞》，冬季完稿交卷，迨1945年8月15日日寇宣布无条件投降之日，却又正是《岳飞》一书宣告印成发行之时。这两件事情的巧合，使我永远难忘。”①

在《岳飞》一书正文的开篇部分，邓先生抒发着自己按捺不住的情感：

> 在一切变动最剧烈、斗争最剧烈的时代，一切最伟大的悲剧或者喜剧的场面，不是由那时代的文人学士们用文字写成的诗篇，而是那时代的民族精神、社会意志，以及英雄豪杰们的壮烈行动的种种实际的表演。在那时候，枪声掩盖了一切的歌声；刀光和剑影，更进而是炮火的闪耀，又使得用纸和墨渲染成的一切都失去了光荣。
>
> 到处只听到炮火的吼声或刀剑的斫杀之声。
>
> 到处只见到用鲜血涂成的腥红的颜色。
>
> 这样的行动所表现出来的英勇、活泼、悲壮或者凄惨的程度，总不是俯伏在几案间的文人所能适如其分地描绘出来的。……
>
> 我这里所要说的，是十二世纪当中发生在中国的一些事件。由那个时代流传给我们的一些重要遗

---

① 邓广铭：《邓广铭全集》第10卷，416页，石家庄，河北教育出版社，2005。

产，不是诗史或史诗，而是一些伟大实行者的榜样。①

相信每位读者都从中不难体味出，这一版的《岳飞》，饱含着抗日战争期间学人志士强烈的悲壮感与爱国情怀。

1954年，邓广铭先生把十年前所写的《岳飞》进行了一次改写，并改书名为《岳飞传》。在《后记》中，邓先生重申了他的撰著目标：

我写这本《岳飞传》的目的，是想藉助于旧日史册的记载，把一个曾在民族战场上建立过辉煌功勋且有崇高品格的历史人物，再还原为一个有血、有肉、有风骨、有生命的形象，使他能够活泼亲切地显现在每一个读者的眼前。②

这一版章节十分紧凑，把《岳飞》的二十三个标题整合为四章："战士在成长和锻炼中""驰驱奔命于各种战场上的岳飞和岳家军""民族战场上的忠勇斗士""对于岳飞的评价"。对于史籍中的记载，先生做了不少订正；对于有关阶级斗争和民族斗争的问题，也进行了新的

---

① 邓广铭：《岳飞》，1~2页，重庆，胜利出版社，1945。
② 邓广铭：《岳飞传》，273页，北京，生活·读书·新知三联书店，1955。

阐释。

“文革”结束之后，邓广铭先生又再次改写《岳飞传》，这一工作亘时五年之久，修改的幅度约占全书的90%以上。我们目前看到的《岳飞传》，基本上就是本次修订的结果。先生在改版《自序》中说：

> 不论述写任何类型人物的传记，全都是属于史学领域的工作，全应恪守史学研究方面的一些准则，决不容许肆意编造。……经过我三次改写的这部《岳飞传》，尽管在内容方面还可能存在这样那样的问题和缺点，但在述写过程当中，我却一直是要把它写成一本严格意义上的历史著作的。①

在有关史料的审核、鉴别、考订等类工作上，邓先生用力最多的，是有关岳飞的生平及其在战斗实践中的一些业绩。他认为，有关这类问题的记载，除了当时的诏令、指挥、文牒和岳飞的奏疏、战报等原始资料大体可以凭信外，其它材料皆需认真辨析。对一个具有思辨能力与治史基本训练的人说来，不能专从诛恶扬善的观点出发，而应当由此及彼、由表及里地加以对证分析，使一些真伪杂糅、是非歧互的记事能够水落石出，真相大白。

① 邓广铭：《岳飞传》，4页，北京，人民出版社，1983。

三

正如邓广铭先生所指出的：岳飞，一个出生在北部中国的农民家庭中，代表了当时生活在和曾经生活在宋王朝统治区域内的一切爱国农民，也代表了在苦难中的南部中国人民而置身战场上的人物，在他的禀赋当中具有一些突出的特点：单纯、质直、坚定、强项。当一个惊天动地的祸变降临到他的时代和乡邦中时，要保卫乡邦、敉平祸变、拯救万千苦难同胞的强烈愿望，便冲动在他的脉搏之中。一念所至，勇往直前。当那些上层执政者们还在议论未定、彷徨无策的时候，他已先为这一意念所驱使，挺身走上战场，参加在对南犯金军的斗争当中。而从此以后，对于这个明确的意念和选定的道路，他始终不渝地把握着，坚持着，为它而生，为它而死。

在《岳飞》一书中，邓先生说：

> 向着这一个胸中充满着复仇的火焰的人，这一支有着钢铁一般的风纪的军队，人民大众付之以全部的信心，觉得凭藉着他们便一定可以获致胜利。和民众成为一体的岳飞，既以其胜利信念灌注着全体人民，也由全体人民的爱戴而更加强了他自身的胜利的信念，对于他的复仇雪耻、恢

复中原的主张，他更加坚定地执持着，也更加踏实地践履着。①

对于岳飞、岳家军事迹及其精神的明确肯定，始终贯穿洋溢在邓先生所写的三部岳飞传记之中。在1983年修订出版的《岳飞传》中，他指出，岳飞等人代表了宋方全体人民的愿望，为卫护中原地区已经高度发展的封建生产方式及其精神文明，起而以武装抵抗女真的铁骑，阻止其蹂躏破坏，以求避免整个社会被拉向倒退浩劫。这样的人物，理所当然地应该被称为民族英雄；他不仅是属于汉族的民族英雄，也是属于整个中华民族历史上的民族英雄。

《岳飞传》一书，从“北宋与辽、金的对峙斗争”以及“辽与北宋的相继灭亡”开始，详尽描述了岳飞从青年时代开始的人生经历：包括他收复失地的强烈愿望及其实践，包括他直捣中原的壮志和收拾旧山河的努力，包括他对屈膝和议的激烈抗议，也包括对其生活风范及崇高声誉的清晰勾勒。对于岳飞讨平军贼、瓦解农民起义军的经过，书中也都有所交代。对于岳飞冤案，邓先生梳理了秦桧等人肆意罗织诬陷的经过，痛切述说了一代英杰含冤被害的悲剧。

这部传记作品所展现的，不仅是一位英雄人物的业

① 邓广铭：《岳飞》序言，4~5页，重庆，胜利出版社，1945。

绩，而且是一个历史时代的政治军事图景。赵宋政权的重建和南迁、宋金对立斗争形势的波澜、南宋王朝对于南方人民的横征暴敛、宋廷对军将兵权的收夺、丧权辱国的绍兴和议的签订，……凡此种种，都作了整体的研究与切实的阐释。

在这次改写中，邓先生将自己的所思所想，融贯于《岳飞传》一书之中，他指出：

——不论汉族或女真族，都是整个中华民族中的一个组成部分；不论金王朝或是南宋王朝，都是属于历史上的中国内部的一个政权。因此，当时的汉族与女真族虽然可以互称为外族，南宋与金国虽可以互称为外国，但这绝不意味着把其中的任何一方排斥在整个中华民族或历史上的中国之外。

——宋、金双方长时期以兵戎相见，应该从战争的性质上区别双方是非，而绝不能沿袭旧来的民族偏见，诬蔑女真族出于其凶残本性发动了这场战争。恰恰相反，发动这场战争的责任是在女真军事贵族身上，他们的军事行动所代表的，仅仅是金王朝统治阶级的私利，与女真人民的根本利益和长远利益是不相符合的。

——宋、金的战争，距今已经800多年，已经成为历史陈迹。今天，我们中华民族的各族人民，都在为振兴中华这一目标贡献其智能和才力，在兄弟民族之间自然再不会发生互相征战挞伐的事。我们之所以对历史上的民族英雄如岳飞其人者进行述写和赞扬，是要把岳飞那种对民族对国家的忠贞热爱，扩而充之，发扬光大为对整个中华民族的忠贞热爱，共同从事于振兴中华的伟业。

邓先生表示：

> 对于民族败类秦桧、赵构之流，我是要尽量加以鞭挞的。然而，我也仍须恪守史学著作的原则，以我所能够掌握并确定其为可信的史实为不可逾越的界限，既不能作任何夸张，更不敢有任何虚构。
>
> 我的愿望是：通过这本书，能把岳飞生活的时代轮廓勾画出来，把他一生所建立的事功、他的形象和丰采、思想和情操，都能如实地、真切地描绘、表述出来，并对这一彪炳史册的历史人物作出正确的和公允的评价。[①]

《岳飞传》一书，使我们得以切近地观瞻到一代英烈的鲜明形象，感受到爱国主义精神的激荡，也使我们对当时的政治军事形势有了更为深刻的体悟。《岳飞传》面世后，受到读者热烈欢迎。不仅人民出版社先后数次印刷，河北教育出版社(《邓广铭全集》)、天津百花文艺出版社、陕西师范大学出版社、三联书店都曾出版发

---

① 邓广铭:《岳飞传》自序，4 ~5 页，北京，人民出版社，1983。

行。此次列入商务印书馆“中华现代学术名著丛书”系列，令该书有再度面对读者的机会。由衷感谢出版界对于学术经典的热情支持。

2015 年 9 月 20 日于燕园

（原载邓广铭：《岳飞传》，商务印书馆，2015 年）

唐宋时期的社会流动与社会秩序

——《唐研究》研究专号序

这里呈献给大家的，是题为“唐宋时期的社会流动与社会秩序研究”的专题论集。

作为教育部人文社会科学研究项目“唐宋时期的社会流动与社会秩序研究”的成果之一，本论集汇聚了24篇学术论文和7篇相关书评。论文围绕中心议题分为四组，分别讨论秩序理念与社会变迁、国家礼仪与民间信仰、社会组织与秩序、地域社会与变迁等问题。

一

在中国古代历史上，唐宋时期经历着重要的社会变迁过程，其平民化、世俗化、人文化的趋势，历来受到学界关注。对于这一进程的认识，既关系到唐代历史与宋代历史的基本定位，也关系到对于整个中国历史走势的把握。

自20世纪初期日本学者内藤湖南提出“唐宋变革说”以来，在这一认识框架之下，各国学者展开了众多的学术研究，对于这一历史过程倾注了极大的心力；同时，随着社会史、思想史、政治史等诸多领域研究的深入，学界也自不同角度对于“唐宋变革说”提出了修正乃至质疑。我们特约张广达先生撰写的专稿——《内藤湖南的唐宋变革说及其影响》，对于“唐宋变革说”的来龙去脉，从学理上做了深入的梳理和细致的分析，并且站在很高的学术立场，对内藤假说（Naitō Hypothesis）在中国历史研究各个方面的影响，予以中肯的评价。此文可以视为我们这本研究专辑的学术史引论，它和我们的一些个案研究正好相互呼应。

可以说，“唐宋变革说”以往曾经是研究的框架，如今已经转而成为学界对话的平台。补充、质疑与辩驳的过程，使研究者对于唐宋时代历史的认识逐渐丰富深化。

“唐宋”并称，对于研究者而言，是一个具有特殊意味、特殊魅力的时间概念。这既是因为两个时代在政治、制度、思想以及文化成就上的连续性，牵动着我们对于“文明巅峰”的自豪记忆，当然也是因为两段历史之间存在着明显的反差甚至“断裂”。本课题所讨论的，实际上是自公元7世纪初期至13世纪后期“延续”与“更革”交互的唐宋时代史，而非李唐、赵宋两个王朝史。

对于唐宋时期的研究，近年来面临着进一步开拓创新的突出压力。就目前的研究状况而言，不容忽视的问题在于：首先，对于前后历史时期通贯的整体把握能力不足，唐史学者与宋史学者各自为战，欠缺沟通；其次，缺乏针对性明确的"问题意识"，微观研究与宏观研究的结合部往往失于浮泛模糊，缺少深切逼近的讨论。鉴于这种情形，有必要使唐宋史学工作者携手，选择牵动力较强的中等层次问题，进行聚焦点相对集中的综合性研究。

就唐宋时期长达六七个世纪的历史进程而言，"唐宋变革"显然不是唯一的认识角度。本课题希望从学界已有的学术积累出发，以共同思考的学术话题作为导向，以社会流动、社会秩序为中心范畴，探索不同层面的社会人群、社会组织、社会关系交错变化的历史轨迹；从而整合、推动现有的研究，形成整体上的相互呼应。

项目的参加者并未纠缠于相关的概念定义，但我们对中心议题有一些基本的共识。我们理解的"社会流动"，主要关注点在于个人、家族或特定群体在社会等级、社会分层体系中的流动，特别是导致他们所隶属的社会阶层发生变化的运动。所谓"社会秩序"，则是指以相对稳定为目标、依特定内外差序展开的社会结构方式。"流动"中有"秩序"，"秩序"中亦有"流动"。正是二者的矛盾与互动，不断的冲突、整合与更新，构成了中华民族历史上生生不息的分合演化过程。

二

历史上不同性质的发展变化，节奏缓速各异，研究者所选择的研究单元、时间尺度自然有所区别。与帝制王朝的更替不同，社会流动与社会秩序涉及的因素更多，在更为广阔久远的背景下展开；这无疑给研究者提供了更加灵活的回旋余地，也提出了更加鲜明的挑战。本项目参加者在各自研究的基础上，在将近三年的课题进行当中，经历着唐宋史学工作者、海内外史学工作者、具备不同学科背景（例如考古学、文学史、民族史、历史地理学）的史学工作者之间相互讨论、共同探究的过程。大家致力于从历史学的视域中，观察社会的变迁，观察文化发展中的阶段性特征。观察比较的对象，不限于"唐""宋"隔离的静止切断面；观察比较的方式，则注重环节，注重过渡，注重转折与衔接的现实过程。

在本书所收的论文中，不少篇是唐宋并举的通贯性研究。吴丽娱讨论了中古国家礼仪新秩序的构建；雷闻讨论了从唐到宋"祀典"与"淫祠"概念的落实，以及新神明体系的逐步形成；朱玉麒自唐宋传奇与话本所反映的地理空间变迁入手，讨论了中国古代城市模式的关键性变革；孟宪实则通过敦煌资料，讨论了对于地方社会秩序具有重要意义的民间结社。黄正建根据唐宋文献，探寻了民间信仰发展过程中的不同线索，讨论了混合有地方神和地府神双重因素的崔府君，其地位抬升与下降的演变轨迹。秦大树根据考古材料，比较了唐宋时期的丧葬制度与习俗，指出了诸多变化与社会政治、经济和文化变革的密切关联。

论集中有些文章侧重于讨论某一特定时期、特定问题在唐宋历史中的位置。妹尾达彦以白居易的诗歌为依据，探讨了中唐长安、洛阳两京城市社会的变化，藉以观察9世纪的转型；鲁西奇则根据出土资料中的宋元地券文，探求当时的地方乡里区划与组织。黄宽重以宋代为中心，观察科举社会新竞争环境下家族发展的途径及其转变，讨论家族兴衰与社会流动的关系；李华瑞则勾勒了从五代至南宋乡村客户社会地位的变动曲线，分析了其群体结构性流动的规模和程度。柳立言概括了宋代社会流动与法律文化的关系，追踪了在南方与北方、精英与平民之间的差异与互动中，回应中产之家利益的法律文化逐渐形成的过程。刘浦江着眼于宋代的政治秩序理念，通过五代史观的流变，观察史学观念、正统观念和华夷观念的动态衍化；刘静贞利用后人撰述的历史著作、当代人书写的墓志铭文这两类不同性质的资料，追究及厘清五代女性在这两类文本的作者笔下曾被赋予的意象；邓小南则以《政要》《宝训》类著述为切入口，比较了唐宋时期阐发“祖宗故事”的方式，讨论了唐宋君臣逐渐将保守“祖宗基业”推向自觉的过程。

本卷发表了有关唐宋时代社会史的一组研究成果，但还有许多相关的问题不可能涉及。我们希望利用相对集中的讨论，推动从整体上观察唐宋的历史学研究。本卷的出版并不是给这个研究课题画上一个句号，而是预示着更进一步研究的开始。

（本序言与荣新江教授共同撰写。原载邓小南、荣新江主编：《唐研究》第 11 卷《“唐宋时期的社会流动与社会秩序”研究专号》，北京大学出版社，2005 年）

宋代政治史研究的新视野

——《过程·空间：宋代政治史再探研》序言

一

中国古代政治史研究，国内学界本有深厚的学术积累。长期以来，朝代史的叙事框架基本是依循政治史的脉络建立的，政治史通常注重与国家、权力、政策相关的重大问题，相对容易把握到不同时期的大体走势和贯通性线索。透过中国历史的发展脉络，不难观察到“政治”对于历史中国与现实中国的特有意义。

在帝制时期，集权政治具有笼罩和弥漫的性质。从中央到地方，不容忽视的政治动员力、组织力，有延展，有扭曲，有消解，有变形，但仍然可以说是渗透于社会生活的方方面面。政治力量、政治运作在社会生活中的持久影响力，贯穿于整个中国历史，也从根本上决定了政治史这一学科的深厚生命力。

近些年来，学者的关注重心明显呈多元化趋势，政治史独尊的传统优势已经不复存在。研究视界的拓展，有利于把历史原本丰富的内容还给历史；而与此同时，政治史议题的开拓、认识角度的创新、材料的挖掘、研究方式的调整，都成为学人不得不认真面对的挑战。

如果我们希望政治史研究能够实在而非浮泛，势必需要放下身段，眼光向下，进行具体而能“落地”的讨论。所谓“政治”通常与权力相关，而实在的政治权力皆非高挂虚悬，皆非停留于纸面规定，其运作也并非自上而下单向通行。运行中有载体有流程有交错，需要观察各类政令与政治讯息的承载方式，从官方文书、章奏乃至书信等材料中探寻上传下达的内容；需要抓住若干榫卯结合部，从“节点”的连续或断裂来体察脉络；需要厘清不同面相，从多面的叠合摩擦来审视过程的复杂。就社会现实而言，“政治”并非上层统治者把持的专利，不可能完全听由当权者“任性”。尽管不同时代中现象各异，问题有别，对于权力掌控和抵拒的程度与方式形形色色，但纷繁的演变中，仍可大体把握到特定时期特定方面的基本格局。

观察一时代的政治史，可以有许多不同的视角。本书的作者，相对注重制度方面的内容。近些年来，对于宋代制度史的讨论不断深化，以往只讲官方书面的系列规定而不重成效的“应然”叙述逐渐淡出，论证中通常会关注制度运作的起讫两端，不仅注意文件颁布的制度规定，也注意史料中记载的实施结果。但对于研究者来说，这仍然不够。如果我们不注意连结两端的津梁或曰路径，则我们对于制度运行的理解，仍将很不完全。

通过考察动态的“路径”，研究者可以观察到制度“活动”的过程，从而不致落入制度史研究的表面化虚置化，有助于追踪和把握历史上真正存在过的制度。政治制度的运行，关系到政治事权的操作方式，受到多重因素的推进及扰动，其目标、其过程既不似公开宣示的那般磊落，也并非一概阴暗龌龊。决定其目标生成、影响其活动方式的，可能是内部外部的形势格局，也可能是或明或暗的潜规则、软环境。本论集希望议题更加多元，希望对于既往的认识有所质证有所补充，希望对于制度载体、运行过程、实际效用有比较实在而非浮泛的观察。

二

中国历史上的10至13世纪，是又一个“南北朝”时期。讨论宋代政治史的重要问题，不能脱离当时这一基本的空间格局。两宋与北族政权之间，有对峙、冲突乃至战争，也有相对和平的聘问周旋。研究者通常认为，外交是内政的延续；而宋代的许多内政施设，则可以说是在外交压力下的选择。

本书所说的“政治空间”，是一时代中社会的产物，既代表着特定的位置，也体现出特定的意识。我们在讨论政治事件、政治人物时，对于空间往往习而不察。但事实上，有空间才有存在。几乎可以说，所有政治活动、制度实践、文化演示都发生在特定的空间之中；一切过程与关系，都经由空间得以呈现。空间的安排选择、空间的规划形制，都与特定的政治等级秩序、社会文化意识密切联系，也在相应的活动中被赋予特别的意义。无论是君臣沟通、军政格局、机构设置、政务运作、文书流转、官员移任、建筑布局乃至典礼仪式，所发生的空间都具有或显或隐的政治文化意涵。

本书作者之一平田茂树教授在其《解读宋代的政治空间》(载《宋代政治结构研究》，上海古籍出版社，2010年)一文中说："人类活动的空间不仅是指物理空间，当然它还是由人类创造出来的空间，并经由人与人互相之间的各种沟通(communication)结构，由其空间中产生出政治性秩序、社会性秩序等政治结构。"其中"包涵了由人与人的关系，以及从此关系性中孕育出的社会秩序、文化、学问等各种存在的空间"。

说到"政治空间"，我们不能不注意某些可能被视为"灰色"的"中间地带"或者说"边缘地带"。所谓"中间"与"边缘"，原本是不同的方位概念。但在有些情形下，"中间"是指两者或多方之间的连接地带，就某一实体而言，或许反倒处于边缘，处于其侧畔、外沿的部分。就这一意义上看，两个不同词语所反映的，可能是观察视点的不同，而所指代的空间则容或有所叠合。在宋代，不仅中央与地方之间，即便是内廷与外朝之间，也都有空间上的“悬隔”，有跨越中间地带沟通两端的努力；不仅南北对峙的王朝、都市边地的空间各有其边缘地带、交叉板块，制度的“周边”氛围也可能对制度运行发生实质性的影响。许多变化的根由，可能正出自这“中间”或“边缘”的地带；而学界近些年来关注的人际关系网络，恰恰也与空间相关。

三

中国历史上的帝制时期，有其一以贯之的延续性脉络，也有以断代为载体的波动韵律与演变节奏。居于帝制时期中段的宋代，既有承前启后的意义，又有突出的时代特性。它是中唐以来社会变迁的整合收束期，也是中国历史“前近代”(Pre-modern)时期的开启阶段。各类问题的错综复杂，赋予这一时期深远开阔的思考与研究空间。

本论集立意于“落地式”“渗透性”的政治史研究，希望能有具体实在的讨论。“点”状研究本身并不意味着“碎片化”，关键在于研究者心中是否有开广的格局观。我们尝试将政治理念及其实施、政令文书的运行、政治事件及政治文化人物、制度运转催办的方式、宋辽之间的内外关系等，置于政治过程、政治空间中予以认识；

讨论中注意潜运默移的常态层面，注意日常秩序的形成与维系。

具体而言，本论集的基本内容包括如下五组交叉互补的议题：

（一）文书性质与日常政务

既往的政治史研究，选题侧重于对权力结构(例如皇权与相权的关系、中央与地方的职权部门)、派系政争、头面人物的研究。近些年来，学者的眼光逐渐移至该时期的“基调”与“底色”，关注日常政治秩序的形成、展开及其意义。对于政务文书研究热度的上升，就是这一趋向的明显体现。

文书是中国古代政治体制下信息与政令的载体，其流动与交织体现着国家行政网络的层级运行状态。宋代文书制度研究起步较晚，许多基础问题尚待处理。该组议题注重于政治制度演进的环节与过程，将考察官方文书运转的制度流程，作为观察特定历史时期权力格局、政务运行状态的重要切入点，希望能够使宋代制度运行的整体面貌逐渐清晰起来。

（二）制度因革与政治理念

所谓“制度因革”，包括延续与变更两个层面的内容。任何朝代中，重大的变革毕竟为数不多，从某种意义上讲，都是作为特例出现并且被记载下来；而在因袭基础上发生的渐进调整、创新乃至日常的演化，则可能持续不断。惹眼的改革事件，寻常的政治生态，共同塑就了一个时期的整体面貌。从国家政治的角度看是这样，从社会变迁的情形看也是类似。

我们既不能仅依据文献记载的条目规定，就认为某一制度实施有效；也不能只看到运作现实与我们心目中的制度不符，就简单认定为“具文”。相同的制度规定，不同场合下运作情形不一，实际功用不同，这是现实中的常态。不能让表浅武断的“具文”二字掩盖实质性的内容，而要透过制度运行的实态去深究当时政治局面的实态。

（三）地方军政与中央决策

中央与地方关系的研究，历来是王朝政治史研究的重心所在。从中央决策出发，观察地方军政的落实方式，这是通常的研究角度。事实上，一些临时措置被采纳，逐渐吸收为范例，固定为制度，往往出自地方性事件的“倒逼”。地方政治与军事施为的实际状态，既是中央政策贯彻程度的体现，也在某种程度上制约着、影响着中央的决策。

两宋时期政治格局、统治区域和空间距离之变化，导致不同地方军政运作方式及效果颇为不同。南宋朝廷适应当时的军事布局，财政上进行空间结构调整，权力分配不得不由中央向地方放权，一定程度上采取了与北宋内聚的空间格局异样的模式。中央对边地军政长期抱持紧张情绪，一方面授予不同程度的便宜之权，另一方面却想方设法积极操控。不同的政治地理板块，承担着不同的政区分工，势必体现为不同的中央与地方关系类型。这些历史面相不仅要从宏观上予以观察，亦需要通过具体问题之研究，从微观角度辨析厘清。

（四）仪式空间与政治文化

仪式作为特定场合下的典礼，作为象征性和演示性的传统行为方式，在中国古代秩序格局中起着特殊的稳定与维系作用。仪式通常发生在标志性的空间中，通过特有的外部场所、环境氛围，特有的轨范表现形式，向公众传达某种讯息；也通过公众的参与，体现或重申某种意向。从这个意义上，或许可以说这些特别建构的空间也是一种宣导的载体与媒介。

都城、宫廷建筑，是特定政治文化活动集中发生的空间，是官民生活、君臣沟通的场所。士大夫群体在朝堂之内的表现，通常是政治史研究关注的对象；而他们在朝堂之外的日常活动，无疑是养育个体性格、经营关系网络、塑就政治文化生态的重要途径，同样值得认真关注。

（五）周边关系与内政措施

“天下大势分为南北”（章如愚：《山堂群书考索·舆地·川陕形势》）。就两宋时期的情形而言，这不仅是山川地理形势，也是南北对峙态势。北宋立国，不得不面对周边复杂多变的国际形势。宋代政治所承受的外部压力，几乎渗透在各类内外事务中：不仅体现在防御的圈层或条块结构，也体现在与北族政权相互间的防范与渗透，体现在双边交往中的微妙心计与应对。

史料考订辨析是一切研究的基础与出发点。辽金史的文献资料相对有限，出土材料愈益受到学界重视。通过墓志、出土文书与史籍记载的具体比对与切实研究，学者注意到辽代前期对于唐后期藩镇体制的吸纳，中原公文书仪向松漠之间的散布传播，这些可以说是政治文化交流中的重要现象。

宋代政治史研究，目前处于一个"再出发"的阶段。历史学是强调反思的学问，既要反思时代呈现的问题，反思历史上走过的道路，也应该善于反思我们习惯的叩问历史的方式。以上的想法，是论集作者共同的追求，但目前的文稿还只是初步的努力，其成果还远不能令我们满意。前路漫漫，尚需坚韧奋励。

感谢北京大学中国古代史研究中心、感谢北京大学出版社对于本议题的积极指导与支持。最后要说明的是，本书文稿的选择与编辑工作，基本是由中山大学曹家齐教授和日本大阪市立大学平田茂树教授组织完成的。对于其中一些问题，大家认识不尽相同，为尊重学者个性化的研究，编辑过程中并未强求一致。

2016 年 2 月 26 日于蓝旗营

（原载《过程·空间：宋代政治史再探研》，北京大学出版社，2017 年）

铺路于希望之途

——《唐宋女性与社会》前言

这本论集，是2001年6月在北京大学召开的“唐宋妇女史研究与历史学”国际学术研讨会的成果汇编。这次会议，则是北大中国古代史研究中心主持进行的唐代历史研究计划——“盛唐工程”——的组成部分之一。

在当今的国际学术界中，社会性别研究已经成为最朝气蓬勃、最富创新精神的领域之一。相关的课题越来越受到目光敏锐的学者群之关注，成为多学科研究的突出聚焦点。目前，海内外学界对于中国古代妇女历史的研究，已经有了相当程度的积累，有条件亦有必要予以研讨总结，以期从理论、资料与实践的结合上，为妇女史这一新兴分支学科的可持续发展奠定坚实的基础，并藉以促进整个历史学科在深度和广度上的发展。

这次研讨会，汇聚了众多海内外享有盛誉的学术界同仁，是一次居于国际前沿的高规格学术会议。会议的参加者具有广泛的代表性，四十一位正式与会者中，来自大陆学界十九位，来自中国港台地区及美国、日本的学者二十二位；女性学者二十一位，男性学者二十位。其中既有近年来中国妇女史研究中的一些领军人物，又包括了以往致力于不同研究领域的成就突出的唐宋史学者。促使大家走到一起来的，是共同的学术责任感与研究兴趣。

会议参加者所关注的中心议题集中在三个方面：第一，近一二十年来对唐宋妇女历史的研究，对于传统意义上的历史研究构成何种补充、冲击甚或挑战；第二，唐宋历史学研究（诸如政治史、经济史、思想文化史、宗教史、文学艺术史、社会生活史乃至边疆民族史等）将对于妇女史研究的成果作出何种回应；第三，二十一世纪的唐宋社会性别史研究，应该在资料、论题、研究群体的开掘拓展等方面做出何种努力。

我们奉献给读者的这本论文集，涉及思想史、书写史、艺术史、经济史、家族史、医疗史、宗教史等诸多层面，其内容既接触到新领域和新材料，又体现出新视角和新方法，称得上精彩纷呈。文章的选题，大致可分为以下类别：一、文本：性别的表现与解读；二、女性书写：闺训与篇什；三、女性生活：门内与户外；四、图像：风格与风貌；五、性：身体与文化；六、宗教：信仰与供奉；七、性别意识：认同与错位；八、变迁：性别与社会。

细心的读者不难发现，三十四篇高水平的论文所反映的，一方面是关注对象的接近，另一方面却是研究视角和方法理路的多元。仅就研究者的视角而言，既有“从历史的角度看女性”，将女性纳入史学视野的实证研究；又有“从女性的角度看历史”，在性别思考的背景下对于历史课题的关注。有些研究者讨论女性的“生活实态”，致力于对客观历史现实的探索与逼近；有些研究者则质疑所谓“客观”的可能性，不讳言自己并非中立的女性主义学术立场。

特别值得提出的是，在研讨会进行过程中，会议邀请的诸位评议人，紧扣主题，对于各组论文进行了高屋建瓴的精到评论。一些鞭辟入里的犀利分析，使与会者思路豁然开朗。会议的自由发言，针锋相对，明快热烈。我们相信，如此严肃密集、直面彼此的高强度讨论，是促使与会者和论文读者深入思考的途径，也是推动学科发展切实有效的方法。

妇女史研究发展到今天，已经突破了单一“妇女问题”研究的围限。作为新起的方面军，妇女史学界日形鲜明地表现出对于语言、对于叙述在文化意义构成中所起的复杂作用的敏感与警觉；它注重对于表象背后的社会机制、话语体系乃至意念、心态等方面的解释，要求彻底审视与传统文化秩序密不可分的传统史学建构，而非简单地向旧有框架中添加“女性”话题。这一学科的特质，并不在于其研究对象的特殊性，也不完全在于其“女性关怀”；由于它出现的特殊背景，使其自诞生之日始即渗透着、洋溢着批判的精神：不仅批判既有的研究内容（“男性的历史”），也批判传统的“话语体系”与既往的研究方法。学者们不满足于从习见的文本中去寻找所谓的“史实”，而警惕于其中或隐或现的男性精英立场（这种立场并不仅仅体现在男性精英的作品之中），希望通过对于“文本”——包括史学的、文学的、医学的、图像的，凡此种种——的重新解读，去探寻话语背后的历史真实。

这次会议和这部论文集，反映着与会同仁们的努力尝试：大家希望突破以王朝断代为限的研究界域，为唐宋史的研究者提供直接对话的机会，以便深化我们对于社会发展走势的理解；希望促进妇女史研究与其他史学门类的交流，使学者注意到其间固有的联系，更为积极自觉地从新的视角考察历史文化现象。

社会性别视角和跨学科的研究方法，丰富了我们对历史多元性、复杂性的认识；将女性历史的探讨放在中国历史的具体过程、整体认识中加以观察，则拓宽了妇女史研究的学术眼界。“路漫漫其修远兮，吾将上下而求索”，这是代代学人相承的追求与实践。我们相信，《唐宋女性与社会》的出版，正像这无限延展而充满希望之道途中的一方铺路石板，记录着同仁们相携走过的里程，预示着新阶段的到来。

2002 年 10 月，于北京大学中国古代史研究中心

（原载《唐宋女性与社会》，上海辞书出版社，2003 年）

《中国思想与宗教的奔流：宋朝》推荐序

第一次看到讲谈社（日本东京）出版的这一套《中国的历史》丛书，是2005年底在日本京都的书店中。从卷帙内容到封面装帧都鲜明醒目，当时即感觉爱不释手。或许由于自己也治宋史吧，对于东京大学小岛毅教授这部《中国思想与宗教的奔流：宋朝》有着特别的兴趣。

这些年来，史学大众化的努力取得了不凡的成绩，面向大众的历史读物逐渐插满了书店的格架。从“戏说”到“正说”，炫眼的标题琳琅满目；从文人到学者，都为吸引普通读者展示出自己的才华。在可谓林立的史学读物之中，《中国思想与宗教的奔流：宋朝》一书，以其严肃的学术性、贴切的脉络感和风趣幽默的笔触，得以脱颖而出。这是一部予人新颖印象的历史著述，是一部构思立意脱俗、写法不落俗套、可以雅俗共赏的通俗读物。

本书内容的展开方式别具一格。通过流畅自然的起承转合及娓娓叙说，引导读者沉浸在鲜活的历史场景之中；与此同时，作者又时而抽身出来，照顾着今人与古人的不同感受，旁白般地提示着值得停顿的空间、值得“反刍”的点滴和值得思考的天地。其中有反思，有调侃，也有对于词汇语义及其变迁的清理（作者称之为“较真”）。如导言和结语中所说，本书原来是面向日本国内读者的，某种程度上是在解析“日本的文化密码”，对于中文圈内的研究内容反映不足；但有赖于作者与译者的共同努力，中文读者也会对本书内容感觉相当亲切。渗透在字里行间的，是作者作为史家的沉稳、机敏与睿智。本书对于史事叙述者立场之警觉，对于材料取舍原则之敏感，对于过度黑白两分的研究判别方式之戒惕，处处予人以启发。

“唐宋变革”是通贯全书的一条主线，讲“宋朝的诞生”，选择从安史之乱开始讲述，正体现出作者的这一用心。书中凡提及唐宋时代处，几乎都与“唐宋变革”这一母题相关。作者吸纳融通了多年来的学界成果，从而丰富了这一框架本身所涵括的内容。与之相映照的，另有一潜在脉络，就是作者对于日本传统文化自何而来的关心。这是本书立意处的重要特点，虽非独立的议题，却时时闪烁可见。

对照本书目录，细心的读者不难看出，在导言开篇之后，全书渐次展开的十章，大体上可以分为三个板块：开端的四章，依照历史的时序，概述了公元九世纪末到十三世纪政治史的基本历程。继而进入本书最为核心的内容，以三章的篇幅，讨论这一时段中“思想与宗教的奔流”：作者分别从思想和宗教的变迁、士大夫群体和社会精神、科学和技术革新等角度阐释了“奔流”的意涵。接下来的两章，介绍两宋的文化潮流、普通民众的日常生活，通过延伸性的观察，让人们体味到“思想与宗教”养育蕴蓄的氛围环境与承载体。第十章则是宋代历史的结束，也是全书概观式的收束。

本书内容涉及政治史、经济史、社会史、学术史、艺术史等纷纭丰富的议题，体现着日本学界具有代表性的中坚力量对于宋代历史的“再认识”。在思想史家小岛毅教授的笔下，“朱子学”成为本书的关键语汇，甚至是“叙述的中心”。作者将宋代以来的儒学称为“新兴儒教”，但并不泛泛地将“教”归入“宗教”范畴之中，而是在“思想”与“宗教”的交汇面上予以讨论，这样就有了书名将二者并列的表述方式。赵宋一朝的历史，存在许多耐人寻味的现象，有着非常开阔的思考天地，显然可能有多种写法；本书作者选取其中影响突出的方面，主要自思想文化史的角度观察问题，叙述的主脉和着意落墨处，都在这里。

说到思想文化史，宋代在中国历史上的相关意义早被学术界敏锐洞悉。如果我们以开放、理性的态度去观察，则不难发现这一时期在中国数千年思想文化史序列中特有的重要位置。严复先生早就指出，宋代对于近代中国人民族性和世界观的形成，有重大的影响；陈寅恪先生也曾高度评价赵宋之世在华夏民族文化演进过程中的“造极”地位。整体上看，宋代处于重要的转型期，它面临着来自周边与内部的诸多新问题、新挑战，不是中国古代国势强劲的时期；但它在物质文明、精神文明方面的突出成就，在制度方面的独到建树，它对于人类文明发展的贡献与牵动，使其无愧为历史上文明昌盛的辉煌阶段。

宋代在重重压力下立国，是政策相对务实、注重制约的时期；也是士大夫政治之下，致力于建设恒久典范的时代。对规范的追求，对秩序的重视，对儒家经典的再阐释再造就，是这一时代惹眼的境界与亮色；而生机盎然的社会经济，植根现实的道德伦理，淡泊自然的理趣雅致，则构成为这一时代的底色和基调，在走向平民化、世俗化、人文化的持续过程中酝酿发酵。就宋朝自身而言，其疆域面积远不及汉唐，而其统治所达到的纵深层面，却是前朝难以比拟的；就宋代文化的影响而言，其空间辐射面远远超越其统治区域，其长久效应也远远超越十一至十三世纪这三百年。此后，中国历史上再没有出现过严重分裂割据的局面，当时人的生活方式、思想观念，在一个相对流动的社会中被潜移默化地整合着，“文化的新潮流”渗入民众的日常惯习，以至于今人还会感觉到宋代留给我们的些许印痕。

认识宋代的历史，要将视野充分放开。研究者所面对的，不仅是一个王朝、一个政权，而是一个历史阶段。在辽宋夏金乃至东亚的背景中寻求更为通达的观照，是值得致力的方向。2005年本书日文版即将问世之际，小岛毅教授主持的“东亚的海域交流与日本传统文化的形成——以宁波为焦点的跨学科研究”开始启动。该课题构成为自“东亚海域交流”与“日本传统文化”互动角度探讨东亚历史文化遗产的出发平台。学界正殷切期待着新认识、新成果的不断面世。无数认识与再认识的碰撞、累积，将使我们对于该时期的历史有更为清晰而确切的理解。

最后要说的是，书中有些表述，与我们通常的认识不尽相同，也有个别史事尚须校核。但通篇看来，瑕不掩瑜，值得予以郑重的推荐。

2011年10月20日于香港科技大学人文学部

（原载《中国思想与宗教的奔流：宋朝》，广西师范大学出版社，2014年）

涵育学术，激活思想

——在北京大学人文社会科学研究院揭牌仪式上的致辞

非常感谢大家来参加北京大学人文社会科学研究院的揭牌仪式。

北京大学人文社会科学研究院是以人文与社会科学基础学科为主、推动跨学科交叉研究并且促进国际交流合作的学术平台。文研院依托于北京大学人文社科院系的学术力量，是院系结构的补充，是多方面多层次对话互动的平台，也是新想法、新议题的出发点和助推器。我们希望鼓励青年学人，鼓励沉潜，鼓励创新，鼓励个性；希望在校内外、海内外同仁的支持下，将文研院建设成为人文社会科学学者心目中亲切的家园。

北大文研院的基本宗旨，是“涵育学术，激活思想”。具体来说，就是服务学术，服务学科，服务学者；努力办成有理念、有规划、有活力的学术基地。学术事业中，“人”是第一位的重要因素。我们希望“近者悦，远者来”，依托北大综合优势，凝聚多方学术精华，建设更有国际竞争力的学术队伍。

文研院将在“涵育”与“激活”的平台上，致力于人文与社科多领域的交汇融通，致力于人文社科与自然科学的瞭解互动，致力于与海内外学界的深度对话。我们的学术委员会将负责把握学术导向与发展规划，工作委员会将负责各项学术活动的组织实施。我们将通过持续不懈的努力，凝聚核心学术议题，力争在重点领域实现突破。

如今，我们生活在一个变革的时代中，“创造”“改革”“常为新”是时代的要求；而要获取实质性的创新，我们也需要有所坚守。自从近代学科体系建立以来，对于“大学”意义的思考就一直不曾停息。所谓“大学”，应该是“博学之，审问之，慎思之，明辨之，笃行之”的场所，是滋养学术、凝聚精神、辩驳问难、激活思想的源泉。

如各位所知，北京大学自成立之日始，即与祖国民族共命运。距今整整 100 年前，蔡元培先生被任命为北京大学校长，他任职期间提出的“循‘思想自由’原则，取‘兼容并包’主义”之精神，确立了北京大学的时代特色，也激励了现代中国无数先进知识分子，走在了国家民族历史进程的前列。

真正的学人，追求的是“有学术的思想，有思想的学术”。学术需要内在的思想力量，需要探寻精神的高度；大学需要“元气”，需要始终一贯、奋励向上的精神品格。我们是要有高远的目标，也希望这些目标能够接上“地气”。有碰撞有激荡才有活力，有活力才称得上“思想”；思想的内在力量，来源于先进理论的引导，也依靠切磋琢磨、开放的对话与批判性思维。

从研究者的个人经历中，大家或许会有同感：人文社科学者最需要的，可能是独立思考的充分空间，是能够用于潜心研究的充分时间。这些年来，一方面研究经费比过去充足，另一方面学术却仍然受困于种种不合理的约束。提法口号不断更新，做法却和学者心中的目标渐行渐远。当今我们缺少的，不是屡屡翻新的说法，而是脚踏实地的做法。大家都在探求，如何走出真正扎实的学术道路，如何一步一步、一点一点朝向目标“做”起来。

文研院是注重耕耘的园地，我们相信，收获是长期深耕细作、内在生发的自然过程。浅表式的“成果”统计与标准化的攀比，不是我们追求的目标。文研院将致力于深化学术积累，葆育沉厚气象。希望通过切实的努力，培育“净土”，守正出新；弘扬人文与科学精神，优化学术生态。

人文社会科学，面对着前日与今日的人类社会，着眼于明日的天地与境界，反思曲折与成就，注重思辨与洞察。学术的未来与生命力，取决于蕴蓄的广度与厚度，取决于探求的素养与能力。代代北大学人抱定宗旨，砥砺德行，“路漫漫其修远兮，吾将上下而求索”。有同道、同人，同德、同心，希望正在于将来。

谢谢大家！

2016 年 9 月 20 日于北京大学英杰中心

希望正在于未来

——“文研周年”活动致辞

非常感谢大家拨冗来参加我们的“文研周年”活动。

不知不觉中，我们北京大学人文社会科学研究院到今天已经走过了一周年。一年前在英杰中心揭牌的情境都还历历在目，忐忑的心情还没平息，居然已经一年了！

各位老师刚刚看到了视频，翻阅了周年纪念册，跟我们一起回顾了这一年来，在学校和老师们多方支持下，在文研院活动的“人”，在文研院做过的“事”。

文研院的基本宗旨，是“涵育学术，激活思想”。在我们心中，“学术”和“思想”是融通一体的。学术需要内在的思想力量，大学需要探寻精神的高度，批判性思维的能力需要激发和培育。在建设世界一流的过程中，北大需要的，学者需要的，就是我们该做的。

一年时间里，院系老师们的倾力支持，同学们的热情参与，帮我们撑起了众多的活动。每次讲座、论坛之前，看到二体、二院门前路边成排的小黄车，看到讲堂、会场内外聚满的人群，看到座位上、过道中专注凝神的听众，看到举手提问者的热烈神情，……这一切让我们由衷地感动，也让我们感受到精神的历练。

这一切，都还只是起步。文研院的“开篇”，并非完成于2016年9月20日那一天。这一年里，我们都是为文研院的今后、为她在北大的持久生命力“开篇”。

文研讲座的开篇者，是“敦煌女儿”樊锦诗老师。她带给北大的，不仅是一股敦煌旋风，更是一种强韧的精神力量。她的人格魅力，感染着我们每一个人。正如讲座的主持人荣新江教授所说，樊锦诗老师是北大的骄傲，是北大精神的楷模。

“科技与人文”系列的开篇者，是韩启德院士。“医学是什么”，韩老师从历史讲到未来，从科学属性讲到人文属性、社会属性，让我们感受到科学家的广阔视域及求善求真的人文精神。

深度对话，是激活思维的有效方式。北大有琳琅满目的高端讲座。我们希望文研讲座和文研论坛，既能有厚实的学术底蕴，也能有活跃的思想交锋。论坛交锋的开篇，从揭牌活动的四组圆桌对谈已经开始；讲演者交锋的开篇，始自社科院考古所许宏、何努研究员有关“最中国”的观点对垒；其后考古界疑古派、信古派、释古派有关“早期中国叙事与想象”的阐释与辩论，直面认识的异同，呈现不同的研究范式，有效深化了核心议题。

青年教师的“未名学者讲座”系列，或许称得上是北大类似学术活动的开篇。有的青年老师说，在北大这么多年，第一次站在校级讲台上，第一次感觉自己如此受到重视。

李零老师组织的“《剑桥中国上古史》导读”，是师生们在二院阅读讨论的开篇。读书班不仅指导了博士生硕士生，吸引了文研院的邀访学者，也吸引了多位海外著名汉学家。来访的牛津大学教授 Jessica Rawson 说，如果早些知道有这样的读书班，她应该来北大两个月，而不是访问两周。

多学科组合的田野调研，是文研院尝试性的“考察”开篇：秋季开学前，我们组织历史学、地理学、考古学、文献学、社会学的学术团队，远赴内蒙古居延，边考察，边讨论，学者收获丰厚，也为阿拉善盟额济纳旗的历史遗迹保护开发提供了智力支持。

“近者悦，远者来”，这是学者心中的愿望，也是文研院筹办之初，学校对我们的嘱托。一年来，文研讲座、文研论坛、未名讲座、静园雅集，形成了学术热点，凝聚了学界人气。

文研院能有今天，是因为我们身处北大。北大师生，从来不缺好的想法；老师们帮我们策划学术活动，帮我们把握学术标准。有老师说，我们都是文研之友；也有老师说，如果需要帮忙，我们时刻听候调遣。文研院的51位邀访学者，有资深教授，也有学界新锐；有的来自大陆高校、科研单位，有的来自台湾、香港地区，也有的来自美国、比利时、荷兰、土耳其、新加坡。大家汇聚在一起，把文研院视为共同的精神家园。

生机盎然的静园，有“动”也有“静”。二院有活跃的瞬间，有从容的恳谈，也有安静沉潜的读书写作。曾经有朋友拍过二院的夜景，静谧的院落中，月光映着一间间研究室透出的一排灯光，灯光下看得出一位位邀访学者伏案的身影。

有邀访学者说，文研院“将学者从量化测评、资源争夺、人际关系的纷扰中短暂地抽离出来，回归思想者单纯自主的工作状态”。他们说，“相信‘结构迢递’‘旷望高深’的北大文研院，必将吸纳学术界更多的远朋近宾，成为提升中国人文社会科学研究水准的重要推手。”

文研院生长在北大的沃土中，植根深厚的学术传统，共享前沿的学术理念。作为人文社会学科的平台，我们的责任是凝聚议题，引领方向，促进“共享”。共享也是分享，不仅共享知识，也共享思绪激荡的过程，共享思想碰撞的火花；不仅校内共享，也与国内、国际学界共享。

我们秉持的工作信念，是“清新风气，一流标准”；我们心中的追求，是北大“思想自由，兼容并包”的精神。感谢学校给予我们尝试的机会；感谢各位老师、各位学界同仁，鼎力支持文研院历时一年的“开篇”。我们知道，今后的道路还很漫长，真正的考验还在后面。我们相信，有同道、同人，同德、同心，大家共同的努力必将延续，理念必有发展，希望正在于未来。

2017 年 9 月 20 日于北京大学二体报告厅

“山水”与“社会”

——“山水社会：一般理论及相关话题”研讨会致辞

首先，我代表北京大学人文社会科学研究院向各位的到来表示欢迎，也非常感谢上海喜玛拉雅美术馆把这样一个富于创意的多学科学术论坛放在我们静园二院举行。这将有效丰富和深化文研院这一互动平台的多学科内涵，形成辐射的学术效应。

“山水社会”作为上海喜玛拉雅美术馆参加威尼斯艺术双年展平行展的项目，是面向艺术界学术界的，也是面向广大观众的。我个人对此绝非内行，只能从门外大众的角度谈点零星想法。

从看到标题的那天起，“山水社会”这一主题就一直在我脑子里徘徊不去。为什么特别着意于“山水”，为什么“山水”尤其能与“社会”融通？伴随着这些问题，也有无数山水作品呈现在我“眼前”。

我首先想到的是，与人物、花鸟等作品不同，山水画作明显呈现出一种格局感，这正像宋代郭熙所说：

“山水，大物也。人之看者，须远而观之，方见得一障山川之形势气象。”山水画铺舒消缩的布局和挥洒自如的手法，是抒写“意境”的突出代表。水墨山水反映着中国人的天下观、宇宙观，也是这种器局与观念的展现方式。只有山水画才能“以咫尺之图，写千里之景”。这让我们联想到人文学科的综合“体悟”与“格局”。

其次，“山”与“水”，就其天然形态而言，原本有别：山是“横看成岭侧成峰”的，高耸雄浑；水则是“春来江水绿如蓝”，柔和流畅。就山水对于人们心灵的感召来说，仁者乐山，智者乐水，二者也并非相同。但古往今来，无论诗词还是画作，“山”与“水”始终浑然一体，不分不离。联结这一切的，应该说是“自然”，也是人面对自然时的观感与心声。

山水画作的精神，不仅在其浓厚的气韵诗意与情境大观，也在于其“自然之性，造化之功”。所谓“人法地，地法天，天法道，道法自然”，所谓“天人合一”，都离不开人与山水、人与自然的关系。山水作为“自然”的表象，与自强不息的“天道”，厚德载物的“地势”融汇无间。

古人与今人的生活，物质上依赖于山水，精神上寄情于山水，自然的美感与意境的灵感也往往交汇于山水。历代文人墨客的题跋吟咏、刻石摩崖，李白“黄河之水天上来”的豪情、范仲淹“处江湖之远”的忧虑、黄庭坚“人得交游是风月，天开图画即江山”的情思，都让我们真切地感觉到山水对人生、对社会的启迪与关联。

今天的山水，更承载着众多的主题：自然、审美、情感，依山傍水的乡村景观，文化根脉的延续与断裂，生态的维系与破坏，乡愁的萦绕与寄托；另外，从旅游经济到生命意义，从形而下到形而上……山水似乎包容了覆载天地，包容了整个社会。

正因为如此，“山水社会”这一话题，在历史与当代、社会与人文领域中，都有着切实的意义。我谨代表北大文研院，祝愿本次研讨会取得圆满成功！

2016 年 12 月 18 日于北大静园二院

建设民间学术团体

——国际宋史研讨会暨中国宋史研究会第十二届年会闭幕式致辞

非常感谢大家的信任，也感谢大会给我一个机会，代表宋史研究会新一届理事会讲几句话。

本次国际宋史研讨会规模盛大，群贤毕至，少长咸集，议题广泛，覆盖面宽，气氛活跃。我们由衷地祝贺本次大会暨中国宋史研究会第十二届年会圆满成功，感谢东道主上海师范大学的鼎力支持与精心安排，感谢上师大人文与传播学院各位老师、各位同学的辛勤工作。

中国宋史研究会的本届年会进行了换届工作。新产生的理事会和我们全体会员，对于上一届理事会的积极工作，对于朱瑞熙、王曾瑜两位会长，对于张邦炜等副会长，以及乔幼梅、陈学霖、范荧等各位理事为学术事业的竭诚努力，表示诚挚的感谢。

新一届理事会的产生，是宋史研究会工作方式转型的契机。以往由德高望重的学界领军人物掌舵，今后则要逐步走上年轻化的进程。与此相应，建设服务型、组织型、沟通型的理事会，这一工作迫在眉睫。

众所周知，宋史研究会是各位学者自愿参加的民间学术团体。我们应该共同紧紧把握三个关键词：

首先是“民间”，我们的共识是尊重全体会员的参与权，尊重大多数会员的意愿。坚持群众性、开放性、多元化，继续培养宽松、和谐、健康、活跃的风气。

其次，或许最重要的关键词，是“学术”二字。努力建设严谨而又活泼的学风，是我们的首要任务。我们要对得起“学者”这一纯洁而神圣的称谓，努力坚持正确学术导向，注重新材料、新问题，尽全力倡导新的学术生长点，尽全力提高学术品质。我们要综合与专题并举，学者研讨与学生研读并举，个人研究与集体课题并举；积极创建学术平台，为不同地区、不同专题领域的海内外研究者提供交流对话的更多机会，也使国际学术界听到中国学界更加有力的声音。

第三，宋史研究会是一个自愿组合而成的“团体”，是多年来大家共同精心维护的一片学术家园。我们要坚持集体负责制，努力建设整体的凝聚力和学术活力。我们理解全体会员的重托，我们会集中精力做学术团体所应该做、值得做的事情，努力畅通沟通渠道，鼓励正面交流，为青年一代的健康成长创造良好氛围。

以上是本届理事会的集体承诺，欢迎全体会员的热情参与和积极监督。

最后，再一次感谢东道主，也谢谢大家！

2006 年 8 月 23 日于上海师范大学

学术对话与学术活力

——哈佛大学“9—15世纪的中国”国际学术研讨会致辞

很高兴能够和大家一起聚在哈佛。非常感谢会议主办方、支持者，特别是包弼德教授、伊沛霞教授和哈佛大学的团队创造了这次机会，让我们从世界各地来到这里。

本次会议的主题，是“Middle Period China：800—1400，9—15世纪的中国”。我个人感觉，这次会议的组织方式十分特别。一方面，会议的主体内容，可以说由“纵横两轴”组合而成：纵向的脉络，是800—1400年的中国；横向的铺展，则考虑到不同的讨论主题、学术领域和研究方法。另一方面，会议的进行方式，与我们通常熟悉的“发表＋评议”颇不相同，它针对的不是单一论文，而是侧重于不同主题的开放式交流，以研究的“导向”为其核心关切。——这是一次面向未来，尤其是面向青年人的会议。

说到纵向的时段，这次会议的时间单元，既不是唐宋元明断代史，也不是大而化之的中国古代史。所谓“Middle Period”，既非对应于欧洲史研究的“Medieval Period”或者“Middle Ages”，也不同于中国传统概念里的“中古”时期。这一划分方式，超越王朝限制，强调以整体性社会观察为中心，尝试将复杂进程中更多的根本性因素纳入研究视野，力图呈现较长时段中更为广阔丰满的面貌。这一研究起讫点及相关时段的调整，必然引发无数新的疑问与见解。2003 年出版的 *Song-Yuan-Ming Transition in Chinese History* 一书，即旨在提出并回应某些相关问题；在座的葛兆光教授在距今整整 10 年之前，也曾经提出“唐宋抑或宋明”——是唐宋对比还是宋明延续，指出研究视域或时段的改变，可能引起文化史思想史研究的一些根本性认识改变。

早在上个世纪初，日本学者内藤湖南的“唐宋变革说”即引发了诸多关注与讨论。60 年代，王赓武先生也曾经指出，中国历史上很多重大的课题，往往被传统的以王朝为单位的研究方式遮蔽模糊了。1982 年，当 Robert Hartwell 教授在《哈佛亚洲研究学报》首次提出将“750—1550 年”，也就是 8 世纪中叶至 16 世纪中叶作为一个整体性研究单元的时候，他一定没有想到，30 年后，会有这么多学者——有资深的教授，有年富力强的学人，更多的是学界新秀——从世界各地聚集到“哈佛亚洲研究”的大本营，在这一研究时段下讨论问题。更为重要的是，一个原本“概念性”的框架，已经转化为国际学界论证、质疑以及对话的平台。

本次会议的横向布局，是将原本划分为历史、文学、哲学、艺术、宗教、考古、建筑、科技等不同学科的相关学者聚合到一起，在更为开阔的视野下观察思考，从不同的角度，就共同关心的议题集中交流。这是学术主题的凝聚，也是研究视域的拓展。会议的设计，有针对不同阶段、具体议题的小组讨论；也有根据学科领域、研究方法划分的大组，有宽泛范围内从“聚焦”到“发散”的从容对话。

我们景仰的前辈学者中，有许多融通的“大家”；由于培养方式的不同，后辈学人则有“专门化”的趋向。近些年来，研究材料与议题的拓展，使不同学科的学者自然而然地在其研究方向的延长线上汇合聚晤。例如，近些年来对于宋明时期书信的关注与研究，使历史学、文学、艺术史工作者走到一起。对于“再认识”的共同追求，引导出对于方法和理论的积极探索；也让我们真切地感觉到：不同的训练背景，使我们各有短长，已经离不开彼此的学科与贡献。

这些年来，学者交流的途径有了明显的不同。上世纪 80 年代后期我第一次到美国，每天最关心的是 Postal Service 的邮政车什么时候到，因为当时很多信息都是来自报纸和往返书信。90 年代前期，耶鲁大学 Valerie Hansen 教授与北京大学的学者商议进行“丝绸之路”合作研究，只能靠越洋电话。1995 年，Paul Smith 教授来北大访问，当时我们全校都还没有 Email。现在，我们有了互联网、微信、Skype、Facebook，有了可以共享的电子数据库与 CBDB；而在简捷方便的同时，我们却更加感觉到面对面直接讨论与深度对话交流的必要。

某种意义上说，学术界的活力，与“对话”分不开。无论远隔重洋还是比肩而坐，我们都有意见的交换与商讨，也有坦率的质疑、争议与辩驳；一些新的想法和议题，正是在这种“碰撞”中产生。对我们来说，对话和沟通无疑是学习与实践的过程。这里确实有语言的障碍，也有文化环境与思维方式的差异。但无论如何，实质性的交流一旦起步，就必将持续下去。

三十年前，1984 年，两岸三地宋史学者自 1949 年以来首次在香港聚晤；1985 年，则有了北京大学与杭州大学在杭州联合举办的第一届“国际宋史研讨会”。当时，与会者彼此还陌生隔膜；我们这一辈刚刚毕业，还没有机会作为代表出席；如今的许多老朋友，那时还未曾谋面；今天会场中的一些新秀，当时可能还没有出生……三十年来，时代的变化，学人群体组合的变化，技术条件的变化，研究与交流方式的变化，使得今天的“学术”从概念意涵到业绩成就，再到面临的局势，都有了明显的不同。我们的知识与能力结构，也遇到了更新的深刻挑战。

这次会议，正是国际学人对于挑战的集体回应：是对成就的集体检阅，也是对问题的集体反思。会议的规模可以说是盛况空前，与会学者近 200 人，收到学术论文 160 余篇。会议根据学者关注的不同时代、不同主题、不同研究方法，提供了纵横交错的多样化互动平台。不拘形式的充分对话，将是本次会议的核心主旨。通过这样的形式，希望能够辟出一条道路，通向新的学术境界。

最后，请允许我代表与会学者，感谢大会组织者、支持者和全体志愿者的热诚努力！预祝会议圆满成功！

2014 年 6 月 5 日，于哈佛大学费正清中心

中篇　随笔·讲座·访谈

多种学术语境下的“深度对话”

进入21世纪以来，产生自不同背景的学术观念，日益频繁地在同一平台上进行对话，学者们有了更多相互交流的机会。正是在这种情形之下，深度对话的意义愈益凸显出来。

所谓“深度对话”，重要前提之一在于对彼此学术语境的关注、追溯与了解。只有在这一基础上，不同文化之间、不同学科之间、不同时代学者之间的“对话”，才有可能切实有益而真正促进深入理解。

一、“对话”与“相知”

在中外历史上，早期的知识、哲理往往是通过对话得以深化、得以传布的。无论是孔子与学生对话的记录《论语》、屈原(?)对问体的《卜居》《渔父》，还是柏拉图对话录之《斐多》《理想国》，都凝聚着那一时代的精神菁华。直至12世纪，南宋理学家的代表人物朱熹，也留下了语录体的《朱子语类》，与他的著述文字一起，成为重要的经典。从古至今，对话答问体著述都是阐释意旨、传布思想的重要方式。

我们翻阅唐宋文集时，会注意到一个有意思的现象：讲到相互交谈，唐人作品中常会径称为“话”，像孟浩然《过故人庄》说：“开轩面场圃，把酒话桑麻”；白居易《喜陈兄至》表示：“勿轻一盏酒，可以话平生。”[①]“对谈”“对话”之类表述，则相对少见。元稹《答姨兄胡灵之见寄五十韵》称：“对谈衣趄趄，送客步盈盈”。刘长卿诗作《题冤句宋少府厅留别》中，有“对话堪息机，披文欲忘味”之说。“对话”一词，宋代之后开始比较频繁地出现，其中不少见于诗词篇什或往来信函。两宋之交郑刚中《与凌季文》书札，说：“比得书来，辞意委曲，恍若半夜长廊纸窗孤灯对话之时也”；南宋后期王同祖《与月船周君话别》，称：“明日须知子远行，一灯对话过三更”。而当时人笔下、口中的“对话”，大多是相知者的深谈。

《伊洛渊源录》卷五引《吕氏家塾记》，称北宋中期的大儒邵雍，

> 尝自言：“若至大病，自不能支；其遇小疾，得有客对话，不自觉疾之去体也。”学者来，从之问

① 苏轼的七言绝句《别南北山诸道人》有“衰发祇今无可白，故应相对话来生”的说法，亦是类似用法。

> 经义，精深浩博，应对不穷，思致幽远，妙极道数。间与相知之深者，开口论天下事，虽久存心世务者，不能及也。[①]

短短数语，让我们感觉到“对话”与“相知”的融通。深度对话不仅是“深相知”者的交往方式，也是“相知之深”的重要原因。

如今所说的“对话”，在相对交谈的层面上，延续着原有的含义；不同的是，使用面更宽，具备了更为丰富深刻的内涵。就对话者而言，不再局限于友朋之间；就适用范围而言，也不再局限于小圈子内的款款叙谈。目前习见的沟通交流、信息传布，许多都是通过不同方式的对话进行。与此同时，不容忽视的现象是，在今天的文化环境中，短平快的对话方式日趋盛行，语言的使用及内涵的准确都不再讲究；这在某种程度上，也影响到学术叙述与论证的表达。之所以需要讨论日用而不知的“对话”方式，也是基于浅表式对话带来的隐忧。

“相知”可能是对话的前提；对话也是相知的途径，是理解对方、传布知识、碰撞思想的重要形式和载体。从延展的意义上说，对话不仅指时人的当面交谈，也包括研究者通过文献材料、物质遗存与前人的“对话”，包

---

① （宋）朱熹撰：《伊洛渊源录》卷五，戴扬本点校，见朱杰人、严佐之、刘永翔主编：《朱子全书》第12册，990页，上海，上海古籍出版社，合肥，安徽教育出版社，2002。

括历史学家与历史事实的“对话”。如英国史家卡尔所说：“历史是历史学家与历史事实之间连续不断的、互为作用的过程，是现在与过去之间永无休止的对话”。[1]对于对话方式的关注，事实上也是对于学术进程的关注。

二、“词汇”与“概念”

《周易·乾·文言》曰：“修辞立其诚，所以居业也。”遣词行文中，词语的诚意，关系到事业保障、守而勿失。意念的表达从言语开始，对话首先藉助于词汇。著名社会学家费孝通先生在其《乡土中国》中，明确地指出，概念“是我们认识事物的工具”[2]，而“概念必然是用词来表现的”；在人的生活与时间的关联中，“词是最主要的桥梁”[3]。费先生多年之前的说法，不仅适用于“乡土中国”，适用于“生活与时间的关联”，事实上也适用于多方面的文化交流。

从这样一个思路出发，我们可以说，词汇是表达概念的语言形式，词汇与概念是文化交流的基础与出发

① ［英］E. H. 卡尔：《历史是什么?》，陈恒译，115 页，北京，商务印书馆，2007。

② 费孝通：《重刊序言》，见费孝通著、刘豪兴编：《乡土中国》，4 页，上海，上海人民出版社，2013。

③ 在《乡土中国》的英文版本中，这句话被译作“This connection rests upon the ability to use words”，意思十分明确。见费孝通著、刘豪兴编：《乡土中国》，19 页，上海，上海人民出版社，2013。

点，承载着文化的差异和沟通的可能。词汇形成于特定语境下，不同时代、不同民族可能有不同的逻辑思维方式、话语体系和用词习惯；不同语言间的翻译，不仅是语言的转换工作，更是异质文化间的交流活动。

在与海外朋友交谈的过程中，我们经常会感觉到不同文化背景对于语汇概念丰富度的影响。当我们在日常闲谈中提及诸如伯父舅父、姑母姨母等亲属关系时，往往意识到汉语世界与英语世界中有关家族结构与概念复杂程度的差异。当我们在学术研究中讨论“问题”时，也难免遇到解释中的纷扰：“问题”是指“疑难”“困惑”“麻烦”“错误”，还是指“题目”“议题”或“关键”？这种笼而统之、分殊不明的状况，和西方语境中对于“question”“problem”“trouble”“mistake”与“topic”“issue”“point”等词汇的细致区分，迥然有别；这正体现出，在我们传统的思维方式中，对于这样一组相关范畴的分际和认识并非周密充分。

词汇与概念的翻译总是面临选择，不同词汇的使用，体现着对于概念理解的不同。一方面关系到概念引进（或转引）的路径，另一方面也反映出文化理解的差异和不断深化的过程。季羡林先生曾经通过 Buddha 译作“浮屠”“佛陀”与“佛”的不同，探求佛教进入中国的路径及其接受史。有关“中国”概念的翻译，则引发出更多的纷纭。上世纪 80 年代，美国加州大学学者组织的一次研讨会，讨论 10—14 世纪“中国”面临的挑战与回应，

形成了 *China Among Equals*：*The Middle Kingdom and Its Neighbors*，*10th-14th Centuries*① 这样一部论文集，副标题中“the Middle Kingdom”正是对于“中国”一词的习惯性翻译方式。2008 年，哈佛大学包弼德(Peter Bol)教授在其“Geography and Culture：The Middle-Period Discourse on the *Zhong Guo*-the Central Country”②一文中，基于中叶史阶段(middle period)③对于“中国”的认识，对这一翻译方式提出了质疑；将“中国”翻译为“the Central Country”。两种不同译法，明显反映出译者的不同理解。

值得顺便提及的是，即便是同操汉语的学者，也对何谓“中国”有不同的体认。在 2016 年 11 月北京大学人文社会科学研究院组织的题为“最中国”的对话中，中国社会科学院考古研究所的何努、许宏研究员，对于陶寺遗址为“最初中国”抑或二里头遗址为“最早中国”，有开放的辩论；认识差距主要涉及“中国”概念的最初源起和演化，涉及如今对于早期中国的理解。这也使我们联想到，葛兆光教授《宅兹中国》一书，副标题为“重建有关‘中国’的历史论述”；许倬云先生的大著《华夏论述：一个复杂共同体的变化》亦意在说明，诸如“华夏”“中

---

① Morris Rossabi ed.，*China Among Equals*：*The Middle Kingdom and Its Neighbors*，*10th-14th Centuries*，Berkeley，University of California Press，1983.

② 黄应贵主编：《空间与文化场域：空间之意象、实践与社会的生产》，61～106 页，台北，汉学研究中心，2009。

③ 大体上指中国 8—16 世纪的历史时期。

国”这类概念，是在历史与文化进程中演变的。

类似的例子还有许多。讲中国古代史，经常用到“帝国”一词，但对于何谓“帝国”，显然存在不同的联想。近些年来国学大热，何谓“国学”，却是言人人殊。又如“封建”“专制”等等，讨论一时搁置，理解仍然不同。

学术词汇的选择、概念范畴的理解，适用于特定学术语境，往往没有绝对的正确与谬误；但这并不意味着混沌杂陈、无是无非，也不应该导致甄别与评判的缺席。我们不能满足于自说自话。通过有针对性的对话，可以厘清某些概念，至少可能认清彼此执持的观点与意念，便于寻求讨论的共同基础，梳理困惑的缘由。

三、“语境”与“深度对话”

尽管受到各种后现代思潮的影响，总体上看，历史学者还是试图追寻逝去的真相。广泛阅读与文本细读，一直是人文学科训练学生时所强调的。阅读——读书、读画、读作品、读作家，是后来人与书写者绘画者“对话”的方式，也是我们得以进入特定语境的方式。侧重于“史”——诸如历史学、文学史、艺术史、哲学史——的学者更是如此。

就个人的浅薄了解而言，会感觉文学史、艺术史、哲学史家的阅读方式，重在作家作品，擅长将特定作家的特定作品“拉”出来，细致研读；对于周围世界的理解，旨在加深对于该作家该作品的认识。历史学者则不很相同，惯常于将不同类型的材料“推”回到特定历史现场，希望能够拼接组合出一幅“全貌”式的图景；无论涉及某一地域，或者针对某类问题，都是如此。专业特质的不同、分析术语的差异，会让来自多学科的学者彼此有新鲜感、刺激感；相关积累的丰厚、旨趣道术的相近，也使大家得以发展出深度对话的可能。

在研究实践中我们经常感到，即便同属汉语世界的学人，与古人、与前辈、与其他专业的同侪对话，仍然会有言语上的隔膜以及理解上的参差。同一篇文章、同样的材料，不同的读者会体悟出不同的内容；即便就同一读者来说，不同的阶段或心境中也会读出不同的意涵。今人与古人、与朋辈甚至与自身，都需要放下身段，不断追问，往复对话。引导其间的问题意识和反思精神，正是对话深入的前提。

今天中外学者之间的对话，通常认为是在“全球化”的背景下进行，有着统一的平台；事实上，种种制约因素会使这平台并非坦平。能否有效对话，当然首先取决于语言能力；但即便语言流畅，对话仍然可能存在滞碍。对话者经历的背景脉络或许相当不同，需要深入了解彼此所处的具体阶段，以及相应的词汇、语言、思想、情感的复杂状态。

曾经有海外汉学家提问：

> 本土的语言和概念能够被转译为另一种文化吗？这种转译方法能够使其在另一种文化环境里被理解甚至实践，而同时保持它的本土性？也就是说，他们被翻译之后能否保持其原始质感和意义？[①]

罗柏松（James Robson）教授在其学术报告“回光偏向：西方对《道德经》的挪用及翻译过程中所表现出来的文化交流与多重误解”[②]中，也表现出相应的警惕与关注。

2003年，美国思想史家田浩（Hoyt Tillman）主编的《宋代思想史论》一书被译作中文。翻译者之一杨立华教授就此撰写了《在母语的防线上》一文，围绕文化主体性，提出了他对于“真正的内在理路”略显沉重的一些思考：

> 对于汉语言说者而言，我们与汉语传统的关联绝非任何表象的结果。汉语构成了我们被抛的境遇，作为它的回声，我们总是在一种最鲜活的直接

① ［瑞士］胜雅律（Harro von Senger）：《谋略：关于在中西方文化交流语境下翻译本土词汇及其概念的理解问题》，见［英］常向群主编：《中国比较研究》第1辑，69页，伦敦，全球中国出版社，2016。

② Distorted Reflections: Cultural Exchange and Mutual - Misunderstanding in the Western Appropriations and Translations of the *Daodejing*, 2016-12-18，北京大学文研讲座。

> 性中关联着它。……从真正的内在立场看，我们对汉语文化的注目根于内心深处不容或已的冲动。这冲动超越了所有的计度和衡量，也超越了所有的价值考虑。……要求仅仅以阅读中国为目标的外国人对我们的文化有切肤之痛，显然有苛求之嫌。在这里，批评的目的不是要改变对方，而是要唤起我们自己的警觉。①

针对这番议论，田浩教授在《我的思想史研究》一文中有直截了当的反应：

> 老外有一个好处，可以从外面的角度来看一个传统。一个在传统中长大的人，研究这个传统，很容易觉得这样子的演变、发展是自然的，不必解释。……从外面看，可以看出一些新的立场或是问题。好像这样子发展并没有什么道理，是需要解释的，这样就把传统里面的一些发展或是演变问题化了。这是外部立场的一个好处。②

2016 年，《哈佛中国史》(*History of Imperial China*)中文版面世，在该书总序中，主编卜正民(Timothy Brook)

---

① 杨立华：《在母语的防线上》，载《二十一世纪(网络版)》，第 87 期，2005。

② [美]田浩：《我的思想史研究》，载《中国思想史研究通讯》，2004(3)。

教授深情回忆起多年前他与朱维铮教授的一番对话。针对卜教授提出的困惑“既然我不是中国人，那当一名中国历史学家到底有什么意义?”“到底怎样我才能像理解自己的母文化那般，更真切地理解中国呢?”朱老师回答说：

> 你想象中国是一个仅有一扇窗户的房间。我坐在房间里面，屋里的一切都在我目光之中。而你在房间外头，只能透过窗户看见屋里的景象。我可以告诉你屋内的每一个细节，但无法告诉你房间所处的位置。这一点只有你才能告诉我。这就是为什么中国历史研究需要外国学者。①

卜教授继而说：

> 他(按指朱老师)相信，我们的确能带来什么，而且我们拥有一种中国人无法依靠自身开辟出的观察视角，因为我们对中国的观察受世界其它地方的政治、社会、文化生活经验影响，而这些经验是中国人所没有的。②

---

① [加]卜正民：《〈哈佛中国史〉中文版总序》，见[加]卜正民主编、[美]陆威仪著：《早期中华帝国：秦与汉》，王兴亮译，15页，北京，中信出版社，2016。

② [加]卜正民：《〈哈佛中国史〉中文版总序》，见[加]卜正民主编、[美]陆威仪著：《早期中华帝国：秦与汉》，王兴亮译，15页，北京，中信出版社，2016。

“内在理路”与“外部立场”、“屋里的景象”与“外部的窗户”无疑体现出认识中国古代思想史的出发点不同，必然有其观察视角与面向的差异；但与此同时，来自不同角度的思考，也有效地丰富着学界的整体认识。立足点差异带来的认识差异，无疑是我们面对“整体”时无可回避的要素，这正是我们主动寻求“对话”的原因。在内者要警惕习焉不察造成的局限，在外者要提防自身文化背景带来的潜在意识。通过深度对话，我们希望能够建立“共通”而非“共同”的话语，使叙事更加“立体”，更加贴近历史的现实。

有学者指出，中国与西方在社会形态上的巨大差异深刻影响了二者的发展路径和文化心理。著名汉学家、英国学士院院士罗森（Jessica Rawson）教授曾经批评说，她来中国访问期间，缺少“专业深入的交流”。这或许不是一个人的意见。从西方学者的视角来看，缺乏敏锐犀利的交锋，可能是“另一种不尊重”①。这也提醒我们，应该更加重视沟通的意义，既要直面对方，严肃质疑，延伸讨论，优势互补；也要突破“待客”的心理习俗，真正通过坦诚透彻的对话登上国际学术舞台。

这些年来，伴随着经济发展的压力与期冀，一个原本使用于赛车、速滑等体育竞技项目的词汇——“弯道超车”，成为加快建设速度的关键词，频频见诸媒体报

① 朱可人：《除了兵马俑，中国如何向世界展示自己？——专访著名汉学家、英国学术院院士杰西卡·罗森》，载《三联生活周刊》，2017(26)。

端，引起了社会各界的关注。经济上如何“超车”是另一议题，但至少在文化上，“弯道超车”遇到的问题需要充分注意。

数年前，我曾经从事社会性别历史的教学与研究。当时就感觉到，中国学者与欧美史家的对话，尽管堪称友善，却非在同一层面上进行。其中原因之一或许在于，性别研究本身也是现代社会的产物；社会发展阶段不同，对于性别差异的体悟与关注重点也不同。2016 年我参与了有关全民阅读以及实体书店境况的调查，也注意到在现实生活中，社会发展状态的不同，明显影响到阅读习惯的养成和阅读方式的选择。就发展中国家和地区而言，许多方面的“启蒙”过程事实上并没有完成，“现代化”仍是全社会面临的挑战；一步跨入“后现代”，其间的文化缺环便显露出来，制约着所谓的“弯道超车”。对此，参与对话者应该有充分的认识。

过去一二十年中，各类学术讲座琳琅满目；近段时间，不同类型的学术对话也是精彩纷呈。这些积累，正是“深度对话”的基础。说到“深度”，首先要求有意见的交集、交锋，交谈要有针对性，不能满足于在同一场合下各说各话、自说自话。而有效交集、交锋的前提，是对于彼此的文化背景及学术语境有所理解，有共同的学术追求。

“深度对话”要求对话各方了解彼此的学术积累与学术认识，在此起点上形成对话的平台。许多时候，观点的相左与意见的错位来自文化的差异。就宋代历史而言，国内学者痛惜其疆域的狭小、国势战力的不振，关注王朝灭亡的悲剧；而欧美学者则更多赞誉宋代的文化繁盛，关注王朝持续的原因。这背后存在着不同的心境情结与思考参照系。

对话是激活学术思想的必由路径。我们追求的"一流学科"，在多学科互动互逼的驱动下才能建设出来。不同学科、不同领域的比较研究，通常是学者认识事物的基础，是辨析事物异同关系时常用的思维方式。比较，立足于对差异的观察；而着眼于比较的对话，则需要寻求对于基本出发点与核心概念"共通"的理解，以便建立深度交流的基础。学术脉络、学术规范反映着学术意识、学术境界，有助于寻找特定领域的学术前沿。对于彼此学术脉络的了解与梳理、跨越畛域的学术规范，是深度对话的保证。这样的对话才有针对性，才有可能抓住实质问题，将研究推向深入。

深度对话也需要技术层面的保证，要求对话的组织者"沉下去"，下足功夫：有牵动性的核心议题，有集体性的研读考察；参与对话者有备而来而非临时凑数，议题逐渐深化而非平行散在；不仅是讲座，不仅有会议；对话方式"深耕细作"而非浅尝辄止，讨论持续跟进而非曲终人散……此外，参与共同的田野实践，融通书本材料与社会观察，也是深化对话内容的有效方式。

深度对话，要求同，也要存异。如葛兆光教授所说，我们所处的，是一个需要多面镜子的时代。个人观察与研究往往需要聚焦，而难以多“点”并存通亮。这就更需要往复式的对话。我们不能期待通过对话解决所有问题，但深度有效的对话会使我们开阔视野，减少误会，增进彼此理解。不同文化要互通互鉴，特色鲜明，繁荣多样，今日世界才能健康多元而丰富多彩。

2016 年 12 月

北京大学燕京学堂“中国与世界”高端学术论坛发言

历史研究要强化史料辨析

历史学的特性在于注重实证，注重反思。史学研究的根基在于史料；研究的成功与否，取决于史料与“问题意识”结合的成功与否。在这一意义上可以说，“史有定法”，历史解释要靠史料说话；史料的收集与辨析，是历史研究的出发点。经由“大量的、批判地审查过的、充分地掌握了的历史资料”①，才能对今天的认知有所贡献。

所谓“史料”，顾名思义是指历史上留下来的材料，其内容远较“史籍典册”范围宽泛。以中国古代史研究的常用史料为例，既有编年体、纪传体、典志体、纪事本末体的史部文献，也有儒家经典、诸子百家学说及浩瀚的文集笔记；近代以来，诸如甲骨文、简牍帛书、出土文书、内阁及地方档案、谱牒契约等陆续发现的文字材料，地图、画卷、雕塑等图像材料，建筑遗迹、考古器

① 《马克思恩格斯选集》第2卷，39页，北京，人民出版社，1995。

物等物质材料及其组合方式，以及广博丰富的域外材料等等，更在一定程度上促使新的解释范式出现，带来重写中国历史的机会。综合利用各类材料研究问题，跨越畛域，寻求前沿，已经成为时代学术的新潮流。

目前的大数据时代中，数据库的广泛应用降低了史料收集的难度，但同时也对人文学者的素质提出了更高的要求：既然不能仅靠材料的熟悉夺得先机，辨析与追问的能力高下自然凸显出来。数据库应该是助推研究深化的路径，要十分警惕急功近利氛围下"表浅化"的可能；不能满足于表层文本的提取和简易的攒凑式结论，透彻的研究脉络还要靠阅读体悟、材料辨析来摸索形成。

"历史"本身的历史性，使得史料必然带有特定的时代印痕与记述者的理解，并非纯粹客观；通过史料研读对于历史"真相"的追索与逼近，注定是一崎岖而无止境的过程。对于史料要予以充分尊重，也要对其中可能的"包装"抱持警惕。帝制时期的统治者对于修史的重视，带来了许多便利条件，促成了史学著述一定程度上的繁荣，也造成了政治权力在修史过程中的介入与渗透。唐宋时期史局、史馆、日历所、实录院等机构陆续出现，官修国史成为常态。著史讲求"书法"，政治道德观念寓于其中。中国史家有秉笔直书的优秀传统，也有强烈的"考信"意识，二者撑擎起中国史学的天地，达致恢弘高远的气象；而与此同时，也要看到特定历史阶段的"资治”观念乃至“本朝史观”对于著史者或隐或显的影响。

南宋时章如愚曾经说，“修撰史之目不一，而其凡有二：曰纪载之史，曰纂修之史”①。大体上，记载之史重在记录史事；而纂修之史则经过取舍编辑、增删润色。纂修之史凝聚着史家的心血，体现着“史学”演进的历程；但就其形成过程着眼，则不难注意到，特定文本关联着特定的历史情境，有可能掩映着渲染涂抹的曲折历程。即便起居注、日历之类“记载之史”，亦非纯粹的史实记录。史事被记载，被编纂，被润饰，构成了我们今天所见的“历史”，而承载这一“历史”的文本，显然是层累叠加而成。

寄托着8世纪初期政治家和史学家政治理想的《贞观政要》，反映出在经历了武则天半个世纪非常手段的统治之后，士大夫们期待恢复唐太宗时期政治秩序的强烈愿望②；而四库馆臣即曾指出，“书中所记太宗事迹，以《唐书》《通鉴》参考，亦颇见抵牾”③。宋代的《宝训》《圣政》，是在《贞观政要》直接影响下产生，内容重在阐发本朝祖宗的嘉言懿行，无论官修或私纂，都不是纯粹学术事件，而是寓意深远的政治文化行为。其中许多

---

① (宋)章如愚：《山堂先生群书考索·续集》卷一六，叶7a，影印北京大学图书馆藏元延祐七年圆沙书院刻本，北京，北京图书馆出版社，2006。

② 吴宗国：《〈贞观政要〉与贞观君臣论治》，见袁行霈主编：《国学研究》第3卷，355～382页，北京，北京大学出版社，1995。

③ (清)永瑢等：《四库全书总目》卷五一，463页，北京，中华书局，1965。

说法，包括被后世反复褒崇的说法，例如宋太祖时“宰相需用读书人”[①]等等，事实上都经不起史实的验证。宋人心目中认为，“史者，国家之典法”[②]。在“为万世法”这样一种正义而神圣的框架之下，士大夫们不惜化解本朝丰富的历史内涵，根据自己的理念，有所拣选，有所消磨，有所凸显，塑造出可供借鉴的“祖宗”形象。这并非简单的溢美逢迎，而是体现着当时士大夫的“集体政治智慧”，但这种做法无疑是以部分掩去历史真实为其代价的。更值得注意的是，自“仲尼作《春秋》，乃讳国恶”[③]，历代由于“事有讳避”，可能导致有些“事关大体者，皆没而不书”[④]；事涉敏感，则“紧切处不敢上史”[⑤]。朝廷政策的摇摆，也会导致实录、国史的反复删修。

观察史料尤其是“纂修之史”与特定时期“本朝史观”的关联，重点不在于辨识某一材料的真伪，更不是要把当年的学术问题政治化，而是试图厘清历史记载形成的过程及其背后的因由。今人研究历史，离不开当时

---

① (清)毕沅编:《续资治通鉴》卷四，98页，北京，中华书局，1957。

② (宋)欧阳修撰:《论史馆日历状》，见《欧阳修全集》卷一一一，李逸安点校，1687页，北京，中华书局，2001。

③ (宋)刘攽:《与王深甫论史书》，见《彭城集》卷二七，叶1a，270页，《景印文渊阁四库全书》第1096册，台北，台湾商务印书馆股份有限公司，1986。

④ (宋)欧阳修撰:《论史馆日历状》，见《欧阳修全集》卷一一一，李逸安点校，1687页，北京，中华书局，2001。

⑤ (宋)黎靖德编:《朱子语类》卷一二八，王星贤点校，3078页，北京，中华书局，1986。

的史料，也不能脱离时人对于当代史事的诠释。但本朝人记当时事，有其鲜活准确的一面，也有因敏感而曲饰的可能。作为研究的出发点，需要把包裹于史事外层的“说法”与史实本身剥离开来。

历史资料的意义，不仅在于学术。当朝乃至前代史料所承载的“故事”，在重视持经守常的传统时代，通常受到强烈的关注。史料中记录着史事的见证，包含着处事的先例，是重要的政治文化资源，经常被引为成文法典的补充。档案作为历史资料，也往往被用作政治交涉中的“利器”。北宋熙宁八年(1075)，宋辽双方发生边境划界冲突，沈括被神宗派为宋方使者，“括寻于枢密院阅案牍，得契丹顷岁始议地畔书”[①]，以此作为“文字照证”[②]，夺得了与契丹交涉中的话语权。我们在宋代记载官员“功过事件”的印纸中[③]，也清楚看到人事选任制度对于既往材料的关注。

史料的解读，是要正确理解材料中表述的内容。在泛观博览的基础上，要细读“挤榨”材料内容，将不同的材料充分组合质证、分殊辨析，力争凿实。就这一层面而言，或许可以说，是“史有定法”。通向历史解释的基

---

① (宋)李焘:《续资治通鉴长编》卷二六一，熙宁八年三月辛酉条，6367页，北京，中华书局，2004。

② (宋)李焘:《续资治通鉴长编》卷二六五，熙宁八年六月壬子条，6499页，北京，中华书局，2004。

③ 参见包伟民、郑嘉励主编:《武义南宋徐谓礼文书》，北京，中华书局，2012。

本路径，即“去粗取精，去伪存真，由此及彼，由表及里”，会导向更为开阔的研究空间。历史解释重在比较说明，要从历史的联系和发展变化中考察研究对象，从逻辑上对其“所以然之故”“所当然之则”予以阐说。历史解释的不同，往往根源于史料收集程度与辨析深度的差异，也取决于研究者的视野眼光、学术思维习惯和整体人文素养。不同的议题可能需要不同的研究方法，所依靠的材料类型也会有所不同，或许可以谓之为“史无定法”。

如习近平同志所说，历史研究是一切社会科学的基础，承担着“究天人之际，通古今之变”的使命。史料的收集辨析是历史研究的出发点。在学科体系重组、知识结构更新的时代，希望在历史解释方面求得实质性的学术突破，而不是满足于用语、词汇的变幻出新，必须实实在在从材料的搜讨与解读开始。

（原载《人民日报》学术版，2016 年 5 月 16 日，发表时有删改）

宋代史料整理二题

历史学是一门启人心智的学问。它对于我们的吸引力，是与它所面临的挑战紧密联系在一起的。历史学所仰赖、所辨析的丰富材料，所关注、所回应的特有议题，是我们终生面对、尽心处理的对象[①]。

史学领域中新议题与新研究的出现，有赖于史料范围的不断开拓。距今85年前，陈寅恪先生在《陈垣〈敦煌劫余录〉序》中，即指出新材料与新问题对于“一时代之学术”的重要意义。与中古其它时代相较，宋代存世文献尚称丰富，而新发现的材料不多，足以撼动既有认识的材料更少。尽管有考古学界的长期关注和宋史学者的不断跟踪，但出土材料的发现，仍属可遇不可求之事。

宋史学者日常所见材料，有许多是来自“坊间通行本”的。严耕望先生曾经说过：“真正高明的研究者，是

---

① 参见拙作《永远的挑战：略谈历史研究中的材料与议题》，载《史学月刊》，2009(1)。

要能从人人看得到、人人已阅读过的旧的普通史料中研究出新的成果。"[①]这些材料经过深度的整理研究，有了新的视域、新的方向、新的问题点，即可能"激活"许多以往不曾措意的内容，从中领悟到新的认识。

对于宋代出土材料和常用史籍的整理与研究，近年里取得了不少进展。仅举突出的两例：就出土的文书类材料而言，浙江武义南宋时期徐谓礼文书的出土，特别是2012年包伟民、郑嘉励领军对于这批文书的高水平整理[②]，为学界开启了新的"议题群"，提供了深化研究的依据。就宋史界熟悉的文献史料而言，《宋会要辑稿》的再度整理，为学界提供了方便，更引发出对于这类基础史料本身深入认识的可能[③]。

一

近些年学界注意到的宋代行政文书类材料，包括法令汇编、地方军政文书、公牍之类，相对集中的有《天

① 严耕望：《治史经验谈》，26～30页，台北，台湾商务印书馆，1981。

② 参见包伟民、郑嘉励主编：《武义南宋徐谓礼文书》，北京，中华书局，2012。

③ 参见陈智超：《〈宋会要〉的利用与整理》，载《文献》，1995(3)；《关于〈新辑宋会要〉整理本的说明》，见黄正建主编、中国社会科学院历史所隋唐宋辽金元史研究室编：《隋唐辽宋金元史论丛》第5辑，240页，上海，上海古籍出版社，2015。另可参见李晓东、危兆盖等：《〈宋会要辑稿〉校点本出版》，载《光明日报》，2014-10-10；孙昊：《宋史专家探讨"〈宋会要〉的复原、校勘与研究"》，载《光明日报》，2015-02-25。

圣令》、西北边境军政文书以及宋人佚简等。这些材料被发现后，受到唐宋史学者广泛重视，从整理到研究，都有高质量的成果呈现。

传世文献中有许多涉及行政文书的内容，但对于文书流程的记载通常并非直接。政令文书的流程是政治秩序的体现，反映着权力的枢纽点、制度的环节与政令的流向，从中得以观察帝国时期行政网络的运行方式、官员关系网络的结构方式。当年留下的有关行政运作程序的书法卷帙和出土文书，使我们有机会从制度演进的角度，讨论从唐朝、五代，经过北宋直至南宋的制度设计、行政规程与实施中的具体情形。

徐谓礼文书，基本是围绕官员个人的个案材料，就其涉及内容、篇幅规模而言，自然远不能与敦煌吐鲁番文书等材料相比；但它是目前所见最为详尽的中古官员个人仕履资料，在制度史上有其特殊价值。该文书的面世，为宋史学界开启了一扇重要的窗扉，提醒我们追踪新的材料，也使我们得以提出并且思考新的问题。

这批文书的发现，充满了偶然性。但偶然中也有自然。仕途是官员的命运所系，官宦身份是其一生成败的重要证明。就今见唐宋时期的材料来看，以不同形式保留仕履记录(尤其是官告)，可能是当时普遍的做法。唐代西北、宋代东南，都不乏例证。研究者曾经指出，唐代有以正式告身文本随葬者，也有家人在临葬时抄录死者告身原件用以附葬者；不同地区发现的唐代随葬告身抄件，有纸本，亦有石质[①]。甚至有研究者认为，“随葬告身抄件实为唐代丧葬的一项制度”[②]。南宋张孝祥《于湖居士文集》[③]后附8份官告1份敕黄，杨万里《诚斋集》附有其“历官告词”31份[④]。陈康伯、方逢辰等人的文集，都是其后裔编成[⑤]，其中也保存有他们任官南宋时的敕牒、告身。徐谓礼是南宋中后期众多官僚中的一员。正是由于其身份、事历平常，因而具有充分的代表性。其历官文书，是成千上万中下层官员履历记录的代

---

① 例如，敦煌莫高窟北区B47窟发现的唐代□文楚瘗窟，出土有随葬告身；B48窟也出土了《武周万岁通天某年勋告》。吐鲁番发现的唐代墓葬中，亦有若干随墓主人附葬的告身。参见荣新江：《〈敦煌莫高窟北区石窟〉(第一卷)评介》，载《敦煌研究》，2000(4)；陈国灿：《莫高窟北区第47窟新出唐告身文书研究》，载《敦煌研究》，2001(3)；徐畅：《存世唐代告身及其相关研究述略》，载《中国史研究动态》，2012(3)；王静、沈睿文：《唐墓埋葬告身的等级问题》，载《北京大学学报(哲学社会科学版)》，2013(4)；赵振华：《谈武周苑嘉宾墓志与告身——以新见石刻材料为中心》，见杜文玉主编：《唐史论丛》第17辑，186~205页，西安，陕西师范大学出版总社有限公司，2014。

② 王静、沈睿文：《唐墓埋葬告身的等级问题》，载《北京大学学报(哲学社会科学版)》，2013(4)。

③ 四部丛刊本《于湖居士文集》前，有自称其“门下士”的谢尧仁及孝祥弟孝伯作于嘉泰元年(1201)之序。集后所附官告及敕黄，尽管编入时间不详，但无疑是其家自南宋保留下来。

④ (宋)杨万里：《诚斋集》卷一三三，四部丛刊影印江阴缪氏艺风堂景宋写本。

⑤ 陈康伯文集为其裔孙以范编次，士选参订，成书应在明代中期。《四库全书总目》卷一七四《陈文恭公集》提要中斥该书“无往而不伪”，但书中收录陈康伯任官诰敕尽管错讹杂糅，却多有依据，应系陈氏家传。另据四库馆臣，方逢辰《蛟峰文集》外集四卷，为其七世从孙玉山知县方中在明成化年间续辑，“凡逢辰历官诰敕及酬赠诗文皆在焉”。其续辑资料，应来自南宋以来之家藏。

表。官告、敕黄、印纸等材料备份“录白”，承载着官员（包括已逝官员）的精神寄托，鲜活体现出当时官僚社会的特色，也反映着时人的社会文化心理。这些告敕无论是珍存于家中、附著于集内，还是随葬于墓中，都体现着官员本人及其家属的理念，体现着他们对于仕宦身份证明的重视；而不同之处是，文集中的告身等材料，皆无程序，无签署，对于实际流程的质证意义，远远不及文书实物。对研究者来说，保留完整的徐谓礼文书无疑是珍贵的制度史资料。

整整 30 年前，我自己的硕士论文选题，主要针对宋代文官选任制度的研究。当时讨论到宋代的磨勘叙迁、差遣除授，成资、年满，待次、待阙等问题，也涉及宋代考核官员的印纸批书。写作时依据的材料，主要来自官方文献的记载。近年里一些青年朋友关注文书制度，观察官僚体系的运行方式，一直希望寻求“运行流程”的实物载体，不仅从正史文献也从传世的书法卷帙中探索制度的运行踪迹。恰在此时，这批文书提供了难得的契机，使学界的认识有可能获得实质性的突破。

徐谓礼的告身、敕黄、印纸录白，反映出南宋时期人事除授中文书档案制度的成熟，也呈现出以往不为人知的若干细节。通过这批文书，我们了解到当时相关制度运行的方式、程序、实态。这“实态”一方面是相当的程式化，体现出制度的异化，并非如想象般地“运行”；

另一方面也使我们藉以窥得制度的实际目标及其施行重点所在。

《武义南宋徐谓礼文书》面世后，引起了学界的积极反应。继 2012 年 11 月国际性学术研讨会之后，2013 年 4 月，中国人民大学历史学院举办了“徐谓礼文书与宋代政务运行学术研讨会”；2014 年 7 月，北京大学中国古代史研究中心与人民大学历史学院联合举办的“出土文献与历史研究：7—13 世纪”博士生研读班，也包括了有关徐谓礼文书的专题。我个人 2014 年春季在哈佛大学东亚系开设的“宋代文官选任与管理”(Personnel Administration of the Song Civil Service)课程以及 2015 年秋季在台湾大学历史系开设的《走向“活”的制度史》工作坊，也都涉及文书中的内容。

出土文书带来了新研究的可能性，而将这可能变为现实，要靠我们的切实努力。就徐谓礼文书而言，尽管其性质相对单一，我们的研究也要秉持多面向、重综合、广格局、深追问的原则。

所谓“多面向”，主要是指观察与研究的切入点、着眼点应该丰富而多元。首先，传统史学应该与田野考古工作相结合。如郑嘉励所说，随葬文书是墓葬整体的组成部分，要结合南宋时期的墓葬理念、墓葬格局、墓葬形制，观察文书材料在特定墓葬随葬品“序列”中的原始位置。我们的研究着眼点，要把特定材料“嵌入”历史现场[1]，力求还原其本初“意义”。其次，议题要充分拉开，要对文书进行多角度的观察。目前对于官告、省札、荐举、考核的研究，对于给舍封驳、签署花押的研究，对于地方行政、发运司的研究，对于公文处理乃至书手书法的研究，等等，延伸出多方面的认识，挣脱了论题单一的窠臼。另外，我们要充分利用“录白”特点，关注文书类型、文书性质、文书内容、文书结构、文书形制，同时也关注“录白”与原始文书的区别，这样才可能形成更为丰实的研究生长点。

所谓“重综合”，主要是指材料的综合利用，相互发明。首先，要将出土文书与传世文献结合研究，形成不同来源的“材料组”，彼此质疑、印证，这样才能改变我们习用的设问方式，真正深化我们对于相关制度的了解。其次，要善于汇聚不同类型的散在材料，例如文字材料中的石刻材料、书法作品、宗谱族谱，以及非文字材料中的各类图像、历史遗迹、墓葬群等，使我们对于文书自身及其制度文化背景、环境氛围的认识相对综合而非琐碎“散在”。

---

① 例如出自敦煌的张君义告身、公验抄件等，据张大千跋语说，发现时包裹着削去头顶骨的人头与残肢，装在同一麻布袋之中(参见王三庆：《敦煌研究院藏品张大千先生题署的〈景云二年张君义告身〉》，见南华大学敦煌学研究中心编：《敦煌学》第18辑，97～105页，台北，乐学书局，1992)。此类特别状况与墓葬中的常见情形、文书出土环境，都值得特别注意。

所谓“广格局”，主要是指对于一时代(例如南宋)整体的观察与研究。“点”状的研究本身并不意味着“碎片化”，关键在于研究者心中是否有开广的格局观。就文书解读而言，随文释义是重要的研究方式；而“义”之所在，不仅通过文书中的语汇字词表述出来，也经由充斥、渗透其中的倾向、气息体现出来。仅就文书讨论文书，不是历史学真正的出路。徐谓礼文书对我们而言，是思考的例证，是观察的线索，而不是聚焦的终极。现有的知识结构对于文书理解有重要帮助，但不能拘泥于既有框架；要以文书实例来丰富以往的认识，挑战以往的认识；要在以往认识的基础上前行，走出以往认识的束缚，争取形成对于宋代制度格局新的体悟。

所谓“深追问”，是希望提醒我们这些制度史的研究者：善于提出问题，善于深化问题，是成功追索的关键。就学人普遍关注的印纸来说，徐谓礼时代的批书方式，可能比北宋规定细密，但从目前材料来看，从北宋前期到南宋中期，并非有实质性的区别。我们既不能仅依据文献记载的条目规定，就认为这一制度实施有效；也不能只看到运作现实与我们心目中的制度不符，就简单认定为“具文”。“具文”二字可能掩盖着不少实质性的内容，我们不能停留于表浅层次的论断，不能让我们的研究沦作具文。真正的“研究”，要继续追问如何理解这“制度”本身：世上本没有不经实施而存在的“制度”，也没有原原本本谨守规定的“实施”。就徐谓礼印纸批书中的考成文书而言，值得我们深思的是：这尽管异化却有模有样、代价不菲的做法，在当时究竟是为了什么。退一步讲，即便如我们所批评的，当时某些做法是体制内“敷衍”的产物，甚至是各级人事部门对朝廷规定阳奉阴违的表现；我们也很难认为宋廷的行政官员、“行家里手”们根本不了解这类情形。因此，仍然需要追问：这种循规蹈矩的“阳奉”，为什么会被认定有其意义；这种显而易见的“阴违”，为什么会被长期容忍。这些问题，都牵涉到对于印纸性质以及“制度”本身的真正理解。

二

2014—2015 年在宋代基本史料建设方面的另一大事，是《宋会要辑稿》的整理工作有了可喜的进展。众所周知，《宋会要辑稿》（以下简称《辑稿》）称得上宋代史料之渊薮，被所有宋史学者视为“看家”的重量级史籍。先父邓广铭在其自传中曾经说，抗战期间他到昆明不久，在傅斯年先生的强烈建议下，用自己的全部月薪购置了《辑本宋会要稿》，从此“把研治宋史的专业思想巩固下来”[①]。这也从一个侧面证明了《辑稿》对于宋史学人的意义。

---

① 邓广铭：《邓广铭学术论著自选集》，722 页，北京，首都师范大学出版社，1994。

由于《辑稿》在辑录、流传、整理过程中的坎坷身世，一方面使其受到许多关注，辗转整理者不乏其人；另一方面因其部头太大，内容纷繁，甚至蒙罩着不少谜团，长期以来整理研究被视为畏途，工作难以到位。研究者对于这一重要史籍的阅读利用，感觉诸多不便，学界一直期待严肃可靠的校点整理本问世。

上世纪 80 年代前期，中国社会科学院历史所即着手进行《宋会要辑稿》的整理准备工作。1988 年，陈智超先生整理的《宋会要辑稿补编》面世。2001 年，《宋会要辑稿·崇儒》在王云海先生指导下点校出版。2008 年，上海人民出版社出版了 U 盘版的《宋会要辑稿》数据库，可惜并未全面整理。多年前，四川大学古籍所与哈佛大学、台湾“中研院”史语所合作，完成了《宋会要辑稿》的校点工作，迈出了关键的一步。该电子版经台湾大学王德毅先生补充修订，纳入台湾“中研院”汉籍全文资料库，登上了海外学术网络，而当时国内学者却无缘直接使用，无疑是一大憾事。经过四川大学古籍整理研究所与上海古籍出版社倾力合作，2014 年终于贡献出水准上乘的《宋会要辑稿》校点本。在喧嚣扰攘的时代里，能够致力于古籍整理研究，沉潜于校正纠谬，可以说是造福学界的“良心活”。这项工作不仅是比对整理，而且渗透着学术研究的心得。只有在此基础之上，才有可能鉴别文本、移正错简、添补缺漏、改正行款。多年整理过程中的甘苦和崎岖，非他人所能想象。

2015年，社科院历史研究所由陈智超先生领衔，启动了“《宋会要》的复原、校勘与研究”工作，争取整理出一部尽可能符合《宋会要》原貌的《新辑〈宋会要〉》。这一课题的起步点，建立在剥茧抽丝、回溯源流的基础上。距今20年前，陈智超先生在《揭开〈宋会要〉之谜》一书的出版序言中说：“(历史的)真相并不一定很复杂。但是，人们认识历史真相的过程却非常复杂，并且永远不可能完成。这个过程，也就是一层一层地拨开当事人以及后人有意无意地所加的种种迷雾的过程。”[①]下决心进行这样一项探索性的整理工作，无疑需要学术的眼光与切实的步骤。

课题组提出的基本目标是：“体例适当，类目清晰，内容完整，接近原貌，便于利用”。这一任务，显然十分艰巨。复原工作是项目的核心，可能也是将来争议集中之处。这里面临的问题首先是：要“复原”什么？或者说，复原的对象或曰标靶是什么？《永乐大典》中的《宋会要》，显然并非宋代原有书名；这是自后人角度回头去看，取定的一个集合式名称。《辑稿》是自《永乐大典》中辑出，却具有与其它辑出著述非常不同的特点。例如，同样自《永乐大典》辑出的《续资治通鉴长编》，因“《永乐大典》‘宋’字韵中备录斯编”[②]，内容相对集

① 陈智超：《揭开〈宋会要〉之谜》，2页，北京，社会科学文献出版社，1995。

② (清)永瑢等撰：《四库全书总目》卷四七《〈续资治通鉴长编〉提要》，424页，北京，中华书局，1965。

中，且因系编年体例而易于整理编排。《宋会要》则限于《永乐大典》以韵统字、以字系事的体例，被分散收录在《大典》诸多不同的字韵事目中，加以原有体例并非清晰确定，因而编排复原颇为不易。

如果我们承认《永乐大典》收录的《宋会要》是“集合式”的材料群组，就需要分解辨析，先把所谓《宋会要》及其编纂方式看透，把《永乐大典》的收录方式厘清，才有可能接近其“原貌”。考虑到宋代的修史方式，会要作为当时的官方档案，是分阶段编修的。两宋尽管一直在纂修会要，却没有一部贯通前后的、严格意义上完整一体的本朝会要。北宋三部《国朝会要》基本延续连通；而南宋则大多侧重于特定阶段的内容，即所谓“断朝为书”，只有张从祖《(嘉定)国朝会要》和李心传《十三朝会要》(《国朝会要总类》)是相对通贯的。《(嘉定)国朝会要》“自国初至孝庙”①，淳熙七年(1180)启动，其实截至乾道；《十三朝会要》应至宁宗朝。这两部会要，都是在前修会要基础上“纂辑”而成。也就是说，宋代的会要，南宋时没有经过“定于一尊”的全面整合重修，其后的元代也未做此工作。换言之，《宋会要》本来并不是完整的“一部”书，它不同于《唐会要》《五代会要》，不是总成于一时；即便说到“原本”，其原始状态本来也是编纂叠加甚至重复参互的。从这个意义上说，“复原”的对

---

① 王应麟：《玉海》卷五一《嘉定国朝会要》，976页，扬州，广陵书社，2003。

象或曰标的，本身即是值得厘清的问题。就大众普遍的认识和预期而言，可以说是"复原《宋会要》"；而就学者切实的目标而言，应该是进行有关宋朝会要的综合研究，在此基础上整编一部结构序次相对合理、相对接近宋代原貌的《新辑宋会要》。

这显然不是一项容易奏效的工作。就个人感觉而言，陈智超先生在《解开〈宋会要〉之谜》一书中提出的"合订本"概念，可能是解题与新辑的关键。如若《永乐大典》收录的是南宋后期秘书省(?)整编的合订本，则意味着它并非文献记载的16种宋代会要中的任何一部。宋人对于《国朝会要》的重视，首先因为其中提供了本朝的制度依据，如高宗赵构所说，"《会要》乃祖宗故事之总辖"[①]。当年需要"合订本"，其益处正在于内容会聚相对完备，便于查检、征引。时至今日，若能争取在合订本的意义上，尽可能集中充分地保留整理有序的材料，对学人利用这部史料的方式将有重要的帮助。正如陈先生所说："如果我们也采用合订本的办法，将每一门的内容按顺序排列，对今后的研究者来说已经足够了。"[②]

宋代的合订本，应该是"将各部《会要》的同一门按

---

① (宋)李心传撰：《建炎以来系年要录》卷一八八，绍兴三十一年正月庚寅条，胡坤点校，3643页，北京，中华书局，2013。

② 陈智超：《解开〈宋会要〉之谜》，91页，北京，社会科学文献出版社，1995。

顺序编在一起”。根据现存材料来看，当时没有打乱原来各门内在的顺序，没有把不同《会要》记载的事件重新混编叙述；而可能是将不同会要中同一门的内容“叠加”式地抄录在一起(按照门类，抄录了一部内容再抄一部内容。完全重复者，则有删削)。也就是说，在各“门”之下的大单元中会有来自不同《会要》的若干小单元。这样，也就不难解释，为什么《宋会要辑稿》中同一性质的内容会有不同的概括叙述，而且会分散“剪贴”在不同部分。针对这种情形，本次编纂时“内容相近者两存或多存”，是合理的做法。

《宋会要》的深度整理，如陈先生指出，问题的复杂在于构成的复杂。“类”与“门”，是宋朝会要结构性的体现方式。“复原”和“新辑”的入手处，首先在于类和门的把握。这相当于从目录到全文的“绳套”“纲目”“关节点”，值得下足功夫。各部《会要》虽然内容不同，但在编辑时分类分门的方式有一些前代规制，形成一些基本做法，有其脉络可寻。把握住类和门的分疏与层次，新辑《会要》的规模和轮廓才能有所保证。

目前，《宋会要》中《职官类·中书门下门》《崇儒类·太学门》以及《道释类》的复原与校勘，已经在中国社会科学院历史研究所隋唐宋辽金元研究室编《隋唐辽宋金元史论丛》第五辑刊出[①]，作为课题组的首批成果，

---

① 黄正建主编，中国社会科学院历史所隋唐宋辽金元史研究室编：《隋唐辽宋金元史论丛》第五辑，240～343页，上海，上海古籍出版社，2015。

呈献给学界。

新近出土的徐谓礼文书和学界熟悉常用的《宋会要辑稿》，是不同类型的两种史料。而其共同处在于，内容都与宋代的制度现实相关，牵涉面广，情况复杂，要肯于下硬碰硬的功夫，才可能有高质量的整理成果。

出土文书及传世文献的整理，并非仅靠“工匠”式的劳作所能奏效，这是对我们知识结构与既有能力的挑战。从这个意义上看，整理和研究二者实在无法切开。《武义南宋徐谓礼文书》的整理出版，让学界有机会更为贴近历史现实，也让我们得以从语汇释义、句读、结构分析、制度比较诸方面进行基础性训练，累积制度史研究的底气。相形之下，《宋会要辑稿》的校点与深度整理，更是压力重大的“工程”。课题既是为学界提供方便，又要通过集体协作，通过反复比对追索来锻炼学术人才，提升研究水平。在这一过程中，培养磨练出善于发现问题、善于步步紧逼解决问题的中青年团队，应该是不容回避的任务。

这些年来，海内外学人对于宋代基本史料愈益重视，包括针对《宋会要辑稿》《天圣令》《名公书判清明集》、官箴书、地方志、石刻史料乃至出土文书等的研读课、工作坊愈益普遍。从基本训练开始，夯实基础，应该是我们不断努力的方向。就制度史研究而言，所谓的“活”，绝非浮泛飘忽，只有肯下“死”功夫，把根基扎在各类材料的沃土中，才能“活”得了。如果我们能够抓住机会，认真而非敷衍地对待面前的诸多史料，宋史学界希望可期。

2015 年 10 月于台北南港

（原载包伟民、刘后滨主编：《唐宋历史评论》第二辑，社会科学文献出版社，2016 年）

“立纪纲”与“召和气”：宋代“祖宗之法”的核心

宋代（960—1279）不是中国历史上国势强盛的时期，却是文明发展的昌盛时期。就疆域的广度而言，宋代所完成的，与前代相较，并不是真正意义上的统一；而其对内统治所达到的纵深层面、控制力度，却是前朝所难于比拟的。自宋代以来，中国历史上再也没有出现严重的分裂割据局面。这与宋代注重防范弊端的“祖宗之法”有着直接的关系。

宋代的“祖宗之法”是在赵宋统治者“变家为国”的过程中，经过不断丰富而形成的。尽管宋代的士大夫们经常把政策法规层面的具体内容称为“祖宗之法”，但是，从实质上看，所谓“祖宗之法”的深层内涵，主要是一种导向，是当时所奉行的基本原则；与其把它看成一条条规定，不如将其理解为诸多规定背后起着制约作用的一种轨范，一种既有延展、又相对稳定的轂轴。

两宋三个多世纪中，很少有人对于“祖宗之法”发起直接的批判或冲击。其中的原因是多方面的，不宜简单归结为士人们的思想皆被因循保守政风所左右甚至控制。统治政策中“纲纪制度”与“仁义和气”两端的互补，应该是造成这种状况的原因之一。

所谓“立纪纲”，在宋人心目中指的是定立规矩制度；“召和气”，则是指能够感召天地，使万事万物充盈着雍睦和谐的自然之气。两端并行并举，相辅相成。这正像欧阳修所慨叹的：

> 道德仁义，所以为治；而法制纲纪，亦所以维持之也。……是以善为天下虑者，不敢忽于微，而常杜其渐也。可不戒哉！

纪纲制度与仁义和气互补的思想原则、政策基调，与北宋开国君主一些基本的统治方略有关。北宋中期杰出的历史学家司马光在《涑水记闻》这部笔记里记载道，赵匡胤当了皇帝以后，曾经跟他周围的臣僚说，“周世宗见诸将方面大耳者皆杀之”，而我成天侍奉在他身边，他并没有把我除掉。也就是说，刻意除去那些有“帝王相”的人，并不能保证君权常在，追求长治久安仅仅从这些方面入手，显然不能奏效。这个例子使我们感觉到，作为从五代时期摸爬滚打成长起来的杰出人物，宋太祖这一代人通过不断总结教训，已经有了和前人不同的解决动乱的思路，开始理性地思考应该如何防范朝代更替和社会动乱。正是在这种理性、务实的基本精神影响下，奠定了北宋初期的发展基调。

如何防范朝代频繁更迭、稳定统治政权呢？被赵宋统治者奉为法宝、视为基本原则的，是“防弊之政”。这种防范弊端的精神与政治举措，事实上就是赵宋一朝的基本国策，也就是宋人所称说的“祖宗之法”。

所谓“祖宗之法”，其实就是从宋代开国的太祖、太宗时期开始，陆续奠定的一些作为王朝统治方略的基本原则，其核心精神是防微杜渐。大家知道，赵匡胤继承的是五代分裂割据的局面：五个王朝八姓十四君，一共只维持了 53 年，朝代更迭非常频繁。赵匡胤自禁军统帅黄袍加身，当时人的心目中觉得这大概只是短命的第六代而已。但是这个王朝稳定了下来，内政比较安定，这在宋人看来是十分重大的成就。

太宗取代太祖，有一些不正常的情形，但他继承了他兄长的事业，安定了赵宋的统治。他在即位诏书中说：“先皇帝创业垂二十年，事为之防，曲为之制，纪律已定，物有其常，谨当遵承，不敢逾越。”他把应该“谨守”的法度原则概括为“事为之防，曲为之制”。“事为之防”，就是所有的事情都要预先做出防范；“曲为之制”，就是说要委曲周全地进行制约。这八个字，是宋太宗及其智囊人物对于太祖朝所作所为进行的高度提炼，体现出“祖宗之法”的核心原则，是以防微杜渐、防范弊端为基本精神。宋代政治倾向比较因循保守，谨慎小心而瞻前顾后，与这种原则有一定的关系。

防微杜渐的基本原则，通过一些具体的措置贯彻到方方面面。一方面有纪纲制度的建设，另一方面也有仁义和气的贯彻。我们试以科举(贡举)制度为例，看看宋代的“立纪纲”与“召和气”相辅而行的具体做法。科举出现于隋朝，唐朝已经相对成熟；宋代考试制度的操作更加严密，而面对的群体则更为开放。当时发展出弥封(糊名)、誊录等技术操作办法。弥封是把举子考卷上填写的姓名、籍贯等糊封起来，阅卷完成、决定录取名次之后，才能拆封，查对姓名、公布成绩，借以杜绝考官营私舞弊。后来更进而将考生的试卷另行誊录，考官阅卷时只看副本；为避免誊录有误，还要找一些人专门去核对。糊名、誊录，无疑是制度严密化的具体体现，让我们看到当时不惜工本的做法；另外，制度设计如此严密，是以一定程度的权威性、公正性为目标的。这种做法，使得科举制度相对公平，使出身于庶民的青年学子有更多的晋身机会。宋人曾经说：“唯有糊名公道在，孤寒宜向此中求。”也就是说，出身相对贫寒、没有家世背景的人，应该争取走科举考试这条路，求得升进的机会。

“糊名”等做法，是否能够带来“公道”呢？关于糊名，有个北宋中期的事例：元祐三年(1088)苏轼被任命为科举主考官。在当时，知贡举官员一旦公布，随即就要进入贡院，以避免请托。长期以来，苏轼门下有一些密切的追随者，即所谓“苏门六君子”，其中的李廌，这一年正好参加科举考试。大家都觉得是遇上了天赐良机。因为行文风格彼此熟悉，苏轼觉得有把握从众考生中选出李廌的文章。但到考官判完卷子，拆号张榜，李廌却榜上无名。这使苏轼和同为考官的黄庭坚等人都感到非常遗憾，怅然赋诗为他送行。制度的严密，使得主考官员即使有心照顾，也难以操作。

正是因为制度走向严密化，科举才能成功地向更多人开放。欧阳修称宋代的科举制度“无情如造化，至公如权衡”。这一说法可能评价过高，但从中可以看到当时人们期待科举考试如同权衡，不顾私情、至公至正。在理想状态下，以建立“纲纪”迎召“和气”的精神，渗透于制度流程之中；而制度的执守，则成为“召和气”的保证。北宋前中期，一些士人“寒俊”，正是在这种背景下得以崛起于政治舞台。像我们熟悉的范仲淹，读书期间家境清寒，断齑画粥，坚持学业；欧阳修四岁丧父，家中买不起纸笔，拿芦苇秆在地上写画学字。这些人物都是通过科举途径晋身，参政议政，显示出敢当天下事的气概，成为出色的政治人物。

科举制度在一定程度上导致了社会阶层之间的流动，新的社会秩序也随之建立。居官者得不到世代相承的保障；而缺乏家世背景的庶民，其资质与能力在社会上得到了更多的承认，竞争中脱颖而出者得以进入仕途，文官队伍的整体素质与结构有所改善。范仲淹《岳阳楼记》说：“先天下之忧而忧，后天下之乐而乐。”这不仅仅是由于他们个人道德情操所致，还因为在这些士人心中，“天下”者，是中国的天下，群臣的天下，万姓的天下，而不是皇帝个人的天下。对于这一“天下”，士人们都有一份深切的关怀和发自内心的责任感。而大量的科举落第者，事实上也承担着文化启蒙普及的责任。

南宋后期，吕中在其《皇朝大事记讲义·治体论》中说，“(我朝)仁意常浑然于纪纲整肃之中，而纪纲常粲然于仁意流行之地。……无仁意则纪纲固无所本而立，无纪纲则仁意无所辅而行”。仁意、纪纲相互融汇，二位一体。仁意和气的精神渗透在纪纲之中，通过制度的运行得到贯彻；而纪纲制度的原则也在仁意和气流布之处体现出来。

宋代“祖宗之法”的主要目标，在于保证政治格局与社会秩序的稳定。它以感召“和气”为念，希望庶政平和而警惕变乱的代价；基于这一立意，宋代士大夫始终关心“纪纲”建设，尽力贯彻着维系制约的原则。

(原载《党建》，2010 年第 9 期)

宋代政治文化面面观

中国是一个历史悠久的国家。丰厚的历史积淀，是我们灵魂的"根"，也是今天我们进行中国特色的历史性选择的"魂"和"根"。无论我们的具体追求是什么，总要在历史的脉络中探求今天，要通过中国的历史去理解历史的中国。

中国古代帝制大致延续了两千年，宋代处于这个漫长历史时期的中段。宋代前期的统治中心在北方的开封，因此被称为北宋；北宋灭亡后，统治中心南移至杭州，史称南宋。两宋加起来，在中国历史上是320年左右的时间。当我们谈起这段时期时，每每会有一种爱恨交加的感觉。在中国历史上，这一时期是创新与因循并存的时期，是社会经济、文化科技、制度建设都有突出成就，位居世界前列的时期；与此同时，也是受到周边民族政权的强烈挤压，面临严峻挑战，战略政策应对有诸多失误的时期。

一、对于宋代历史的基本认识

中国历史上各个朝代都有各自不同的特点，而宋代的这种“不同”尤其显著。对于宋代在中国历史上的位置及影响，很多国学大师都有过精辟的概括。

严复《与熊纯如书》，就历史印迹来看：

> 古人好读前四史，亦以其文字耳。若研究人心、政俗之变，则赵宋一代历史最宜究心。中国所以成于今日现象者，为善为恶姑不具论，而为宋人之所造就，什八九可断言也。[①]

陈寅恪《邓广铭〈宋史·职官志考证〉序》，从华夏文化角度来看：

> 华夏民族之文化，历数千载之演进，造极于赵宋之世。后渐衰微，终必复振。[②]

钱穆《理学与艺术》，自社会变迁阶段来看：

---

① 严复撰，王栻主编：《严复集》第 3 册，668 页，北京，中华书局，1986。

② 陈寅恪：《邓广铭〈宋史职官志考证〉序》，见《金明馆丛稿二编》，245 页，上海，上海古籍出版社，1980。

> 论中国古今社会之变，最要在宋代。宋以前，大体可称为古代中国；宋以后，乃为后代中国。……就宋代而言之，政治经济、社会人生，较之前代莫不有变。①

有海外学者称这一时期为“前近代(pre-modern)”或“早期近代(early modern)”，因而也对其十分关注。一个世纪以来，日本学者、欧美学者都有许多研究著述。

从政治文化的角度来看，宋代是一个注重政治稳定的时期，同时也是一个思想文化活跃的时期。宋代“祖宗之法”的基本原则是所谓的“事为之防、曲为之制”，稳定至上是宋代政治的核心目标。就国内政治局面而言，宋廷立足于防微杜渐的措置确实有成功之处，其统治达到的纵深层面，是前朝所难以比拟的。

宋代的文化环境比较宽松，士人群体相对活跃，可以说是一个大师和精英辈出的时期，也是一个充满活力的时期。这种活力，学界从不同的角度，有许多阐述。英国历史学家伊懋可(Mark Elvin)认为，在中国中古的这段时期，发生了“经济革命”②。国内很多学者也有类似的论述，比方从农业的角度来说，这个时期有所谓的

---

① 钱穆：《理学与艺术》，载《故宫季刊》，第7卷，第4期，1974。

② Mark Elvin, *The Pattern of the Chinese Past: A Social and Economic Interpretation*, California, Stanford University Press, 1973, pp. 113－199.

“绿色革命”；从面向大众的商业网络的形成来看，有“商业革命”；从世界上最早的纸币——也就是“交子”——的出现来看，有“货币革命”；另外从城市形态、都市面貌的改变来看，又有“城市革命”；从印刷术的出现，促进知识的传播来看，这个时期发生了“信息革命”；与此相关的，还有所谓“科技革命”。我个人以为，称“革命”并不合适，但这一时期确实发生了经济文化方面的突出进步。李约瑟在《中国科学技术史》的开篇部分就说：“每当人们在中国的文献里边查考任何一种具体的科技史料的时候，往往会发现它们的主焦点是在宋代，不管是在基础科学方面，还是在应用科学方面都是如此。”[①]马克思曾经评论道：“火药、指南针、印刷术——这是预告资产阶级社会到来的三大发明。”[②]指南针应用于航海，为后来新航路的发现提供了技术上的前提。印刷术促进了中国及世界领域里文化知识的普及和传播。火药发明之后，已经在宋代的武器装备中使用。后来火药武器通过阿拉伯人、蒙古人传到了欧洲，成为战争中重要的杀伤性武器。

宋代军事力量的不振，历来受到诟病。李华瑞教授曾经说：“纵观两宋与辽、西夏、金、蒙元战争的重要

① ［英］李约瑟：《中国科学技术史》第一卷《导论》，王铃协助，孙燕明、王晓华、吴伯译，135页，北京，科学出版社，上海，上海古籍出版社，1990。

② 《马克思恩格斯文集》第8卷，338页，北京，人民出版社，2009。

战役，若以进攻和防守这两种战争基本形式和双方进行战争的目的来衡量，宋的军事失败基本上都发生在宋发动的进攻战役方面，而宋在境内抵抗来自辽、西夏、金、蒙元进攻的防御战，则宋军多能取得不俗的战绩。”①香港中文大学专门从事军事史研究的曾瑞龙教授也曾经指出：宋代整个战略架构中最脆弱、最经不起考验的，就是从和平突然转取攻略这一个环节。这种军事上的被动情形，与宋太宗以来“守内虚外”“强干弱枝”的基本国策密切相关。②

总的看，宋代处于中国历史上重要的转型期，它面临着来自内部与周边的诸多新问题、新挑战，并不是古代史上国势强劲的时期；但它在物质文明、精神文明方面的突出成就，在制度方面的独到建树，它对于人类文明发展的贡献与牵动，使其无愧为历史上文明昌盛的辉煌阶段。

二、宋代的立国环境和政策导向

（一）自然与政治地理环境

宋代并非处于“天时、地利、人和”的顺遂优越发展条件之下，可以说是“生于忧患，长于忧患”。就其自然

① 李华瑞：《宋朝“积弱”说再认识》，载《文史哲》，2013(6)。

② 曾瑞龙：《经略幽燕：宋辽战争军事灾难的战略分析》，290 页，香港，中文大学出版社，2003。

条件而言，如竺可桢先生所说，11 世纪初至 12 世纪末气候转寒，温暖期趋短。[①] 这自然会影响黄河流域的粮食生产，乃至影响国家财政税收；更重要的是，长期活动在北方的游牧民族逐水草而居，如果气候持续寒冷干旱，那么生存空间就会受到影响，于是可能南下寻求更为温暖适宜的环境，导致与生活在中原的农耕民族以及中原政权发生激烈冲突。宋代正处于“天时”相对严酷的这样一段时期。

从魏晋南北朝到隋唐，黄河经历了数百年的安澜时期。自西晋末年“五胡乱华”，北方游牧民族进入黄河中游地区，大片农田撂荒变成草原，水土流失问题有所缓解。唐代百姓安居乐业，伴随农业开发而来的水土流失，导致唐末至北宋时期水患严重，黄河河道呈扇面形摆动，多次泛滥给当时的国计民生和农业生产造成了非常严重的影响。北方经千年开发，农业经济增长的余地已经不多；而南方经济蕴藏着巨大的开发潜力，江南逐渐成为经济最为发达的地区，实现了对于北方农业的历史性超越。唐代中期安史之乱后，北方动乱频仍，也成为影响南北经济地位消长的关键因素。唐宋时期实现了全国经济重心的南移。

唐朝疆域宽广，其统治中心在关中。为维护西部地区安全，唐朝派重兵驻扎西北，同时委任安禄山扼守东

---

① 竺可桢：《中国近五千年来气候变迁的初步研究》，载《考古学报》，1972(1)。

北。天宝十四载(755)，安禄山起兵反叛，唐朝政府被迫收缩力量，放弃了西北大片疆域，东北亦不为中原王朝所控制。唐末五代，出现了严重的分裂割据局面。北宋所统一的，是原五代十国辖区(基本是汉民族长期活动的农耕地区)，而远非严格意义上的"大一统"。周边民族政权环立。正是在这种情形下，"中国"有限"空间"的概念逐渐得到承认。

(二)基本政策导向

帝制时期基本的政治特征是专制。相对而言，"宋代朝政称得上是中国历代王朝中最开明的"①。宋代是一个崇尚平稳、注重微调的时代。"立纪纲"与"召和气"，是赵宋统治政策与措置的关键两轴。"纪纲"(纲纪)其实就是法制、法规，就是制度，是求得平稳的一轴；所谓"和气"，在宋人心目中，是一种交感于天地阴阳之间、自然运行的和谐雍睦之气。这两轴的交互作用，构成当时的政治基调。

北宋初期，统治者致力于建立一种上下有别、尊卑有序的政治秩序。这一秩序的建立，伴随着太祖君臣把军政权、民政权、财政权收归中央的过程。在"先其大纲"的原则之下，步步为营，比较稳妥地解决了禁军的统帅权及中唐以来节度使(地方军阀)尾大不掉的问题。

---

① 虞云国：《细说宋朝》，4页，上海，上海人民出版社，2002。

宋朝建国之初，以往曾经与太祖赵匡胤“比肩同气”的禁军统帅们，飞扬跋扈，非常骄纵。太祖深知政权更迭多由禁军统帅发动，于是在建隆二年(961)利用宴席之际，动员禁军的高级统帅交出兵权，是即所谓“杯酒释兵权”。史籍中有这样的记载：

> (宋太祖)曰：“人生如白驹之过隙，所谓好富贵者，不过欲多积金钱，厚自娱乐，使子孙无贫乏耳。尔曹何不释去兵权、出守大藩，择便好田宅市之，为子孙立永远不可动之业。多置歌儿舞女，日饮酒相欢以终其天年。我且与尔曹约为婚姻，君臣之间两无猜疑，上下相安，不亦善乎！”……
>
> 明日，皆称疾请罢。上喜，所以慰抚赐赉之甚厚。庚午，以侍卫都指挥使、归德节度使石守信为天平节度使，殿前副都点检、忠武节度使高怀德为归德节度使，殿前都指挥使、义成节度使王审琦为忠正节度使，侍卫都虞候、镇安节度使张令铎为镇宁节度使，皆罢军职。①

此事细节不一定确凿，但是禁军统帅石守信、高怀德、王审琦、张令铎等人都于同一天“称疾请罢”，幕后

---

① (宋)司马光撰：《涑水记闻》卷一，邓广铭、张希清点校，11～12页，北京，中华书局，1989；(宋)李焘：《续资治通鉴长编》卷二，建隆二年七月，50页，北京，中华书局，2004。

必然有所操作。表面上波澜不惊，台面下紧锣密鼓。借利益交换的方式，和平转移大将兵权，在当时是代价较小的成功举措。相比于汉代、明代初期对于元勋功臣的处置甚至惨酷杀戮，宋初的做法显然比较理性。

宋代的政治氛围相对宽松。沈括曾经记载：

> 太祖皇帝尝问赵普曰："天下何物最大?"普熟思未答间，再问如前，普对曰："道理最大。"上屡称善。①

这个故事的真实性，现在已经无从核对，但它在宋代被反复传颂，至少反映出时人的认识。据说宋太祖曾经立有誓约：

> 艺祖有约，藏于太庙，誓不诛大臣、言官，违者不祥。故七祖相袭，未尝辄易。②

"不杀士大夫"，"不罪言事者"，是赵宋"祖宗之法"中经常被征引的内容。

以宋代士大夫的际遇与此前的唐代、此后的明代比

---

① （宋）沈括撰：《梦溪笔谈》，金良年点校，327页，北京，中华书局，2015。

② （宋）曹勋：《松隐集》卷二六，叶2a，影印吴兴刘氏嘉业堂丛书，北京，文物出版社，1982。

较，可以看出其间明显的不同。《旧唐书》记载，开元年间，“（秘书监）姜皎以罪于朝堂决杖，配流而死”①；“监察御史蒋挺以监决杖刑稍轻，敕朝堂杖之”②。朝廷及地方官员都会因执行公务不当而受到公开的杖责与羞辱。这样一种情况，到明代变得更加严重了。《明史·刑法志》有关于廷杖的记载说，自朱元璋开始的廷杖(殿陛行杖)之刑，到后来习为故事，“虽大臣不免笞辱”。刑法愈益严峻，“公卿之辱，前此未有”③。当时的官员每天上朝都要与家人诀别，如果晚上顺利回来，就觉得多活了一天。因为在朝堂上，说不定冒犯了皇帝，就会被当众杖责，也可能当即送命。而宋代则无此类现象发生。侯延庆《退斋笔录》中有个例子，说：

> （宋神宗时）陕西用兵失利，内批出令斩一漕臣。明日，宰相蔡确奏事，上曰：“昨日批出斩某人，已行否?”确曰：“方欲奏知。”上曰：“此事何疑?”确曰：“祖宗以来未尝杀士人，臣等不欲自陛下始。”上沉吟久之，曰：“可与刺面配远恶处。”门下侍郎章惇曰：“如此即不若杀之。”上曰：“何

---

① （后晋）刘昫等：《旧唐书》卷九九《张嘉贞传》，3091页，北京，中华书局，1975。

② （后晋）刘昫等：《旧唐书》卷一〇一《张廷珪传》，3153页，北京，中华书局，1975。

③ （清）张廷玉等：《明史》卷九五《刑法三》，2330页，北京，中华书局，1974。

> 故?”曰:“士可杀,不可辱。”上声色俱厉曰:“快意事做不得一件!”惇曰:“如此快意事,不做得也好!”①

可见在宋代,士大夫相对受到礼遇,他们对时事发表意见的空间,比此前的唐朝和此后的明朝都更加宽松。

三、士大夫政治和文官制度

(一)科举制度和新型士人的成长

宋代的士人很多都是通过科举制度进入官僚体系的。科举制度(605—1905)历经若干朝代,在中国历史上持续了1300年之久。据统计,在历朝历代中,宋代的年均取士人数独占鳌头。宋代科举取消了以往对于举子的身份限制,“工商杂类人内有奇才异行、卓然不群者,亦许解送”②。

考试制度的严密,促成了相对公平与开放。一些出身清贫的“寒俊”得以脱颖而出,登上了宋代的政治舞台。

---

① (宋)侯延庆:《退斋笔录》,见王云五主编:《丛书集成编》第2791册,2~3页,影印《历代小史》本,上海,商务印书馆,1936。

② (清)徐松辑:《宋会要辑稿》选举一四之一五至一六,刘琳、刁忠民、舒大刚等校点,5538页,上海,上海古籍出版社,2014。

吕文穆公讳蒙正，微时于洛阳之龙门利涉院土室中，与温仲舒读书。……后状元及第，位至宰相。温仲舒第三人及第，官至尚书。公在龙门时，一日行伊水上，见卖瓜者，意欲得之，无钱可买。其人偶遗一枚于地，公怅然取食之。后作相，买园洛城东南下，临伊水起亭，以“饐瓜”为名，不忘贫贱之义也。①

范仲淹曾经回忆青年时期的经历：

因道旧日某修学时最为贫窭。与刘某同在长白山僧舍，日惟煮粟米二升，作粥一器，经宿遂凝，以刀为四块。早晚取二块、断齑十数茎、醋汁半盂，入少盐，暖而啖之。如此者三年。②

是即“断齑画粥”故事。

这些士人脱颖而出登上政治舞台后，以天下为己任，学术思潮丕然一变，自觉意识空前成熟。在他们心目中，“天下者，中国之天下，祖宗之天下，群臣、万姓、三军之天下，非陛下之天下”③。“为天地立心，为

① （宋）邵伯温撰：《邵氏闻见录》卷七，李剑雄、刘德权点校，71页，北京，中华书局，1983。

② （宋）彭乘辑撰：《墨客挥犀》卷三，孔凡礼点校，305页，北京，中华书局，2002。

③ （宋）佚名：《皇宋中兴两朝圣政》卷二四，叶16b，1494页，影印清嘉庆宛委别藏抄本，台北，文海出版社，1980。

生民立道，为去圣继绝学，为万世开太平”①，成为一代优秀才俊集体性的抱负与追求。

（二）权力制衡与信息沟通

宋代君主集权、忠君观念皆处在逐渐强化的过程之中，与此同时，对于君权的限制因素也在增强。这两种趋势构成一种张力。就宋代士大夫心目中的政治理念而言：首先，致力于建立“君君臣臣父父子子”、上下尊卑名分井然的理想社会政治秩序；其次，为保证理想秩序的建立，必须“致其君为尧舜之君”。所以当时的臣僚与君主之间的关系，既有效忠集权的一面，同时也有劝谏制衡的一面。

北宋前期实行“两府制”。所谓“两府（二府）”，一是负责行政民政事务的中书门下，一是负责军政事务的枢密院，两府的首长就是当时的宰相和执政官，二者合在一起叫做“宰执”。两府之外，还有负责财政事务的三司、负责监察事务的御史台与谏院（二者合称“台谏”）。这些机构直接向皇帝负责，遇重大事件要向皇帝请示，君臣直接讨论，这种讨论决策的机制就称为“御前会议”。北宋前期的中央机构，基本上不是层级很深的金字塔式结构，而是一种相对扁平的结构。

---

① （宋）张载撰：《张载集》，章锡琛点校，376页，北京，中华书局，1978。

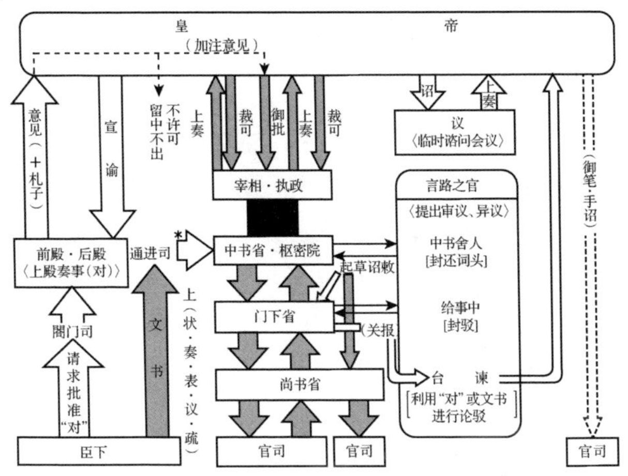

宋代政令文书流程图(平田茂树制图)

文书是信息与政令的载体。从图示中，我们大致可以看出元丰后政令文书的流转方式。宋人有一说法，“事无巨细，非经二府者不得施行”①，也就是说，皇帝的意愿，如果没有经过中书门下和枢密院的讨论，可能不被视为“圣旨”，下面的执行部门有权提请覆奏。这种方式在某种程度上对于皇帝至高无上的权力是一种制约。在这一流程中，负责草拟文件的中书舍人，负责审核文件的给事中，负责监察的御史台、谏院，都有权在政令形成、颁出、施行的不同环节提出意见。

宋代在君主、宰执、台谏之间，形成一定意义上的

① 参见(宋)蔡承禧:《上神宗论除授不经二府》，见(宋)赵汝愚编:《宋朝诸臣奏议》卷四七，北京大学中国中古史研究中心校点整理，500页，上海，上海古籍出版社，1999；(宋)李焘撰:《续资治通鉴长编》卷二七二，熙宁九年正月条，6672页，北京，中华书局，2004。

制衡关系。如南宋宰相杜范所说：

> 凡废置予夺，（君主）一切与宰相熟议其可否，而后见之施行。如有未当，给舍得以缴驳，台谏得以论奏。是以天下为天下，不以一己为天下，虽万世不易可也。①

台谏（御史台＋谏院）的作用，尤其值得注意。在庙堂之上、殿陛之前，台谏官员可以与皇帝相可否、争是非。《宋史》指出“宋之立国，元气在台谏”②，台谏官员独立言事原则得到确立。欧阳修曾经说：

> 谏官虽卑，与宰相等。天子曰“不可”，宰相曰“可”；天子曰“然”，宰相曰“不然”：坐乎庙堂之上与天子相可否者，宰相也。天子曰“是”，谏官曰“非”；天子曰“必行”，谏官曰“必不可行”：立殿陛之前与天子争是非者，谏官也。宰相尊，行其道；谏官卑，行其言。言行，道亦行也。③

---

① （宋）杜范：《杜清献公集》卷一三《相位五事奏札》，见四川大学古籍所编：《宋集珍本丛刊》第78册，叶3a，444页，影印清钞本，北京，线装书局，2004。

② （元）脱脱：《宋史》卷三九〇，11963页，北京，中华书局，1977。

③ （宋）欧阳修撰：《上范司谏书》，见《欧阳修全集》卷六七，李逸安点校，974页，北京，中华书局，2001。

宋代君主以“防范壅蔽”为目标，“言路”相对畅通。如南宋魏了翁所说：

> 所谓宰辅宣召、侍从论思、经筵留身、翰苑夜对、二史直前、群臣召归、百官转对轮对、监司帅守见辞、三馆封章、小臣特引、臣民扣匦、太学生伏阙、外臣附驿、京局发马递铺，盖无一日而不可对，无一人而不可言。[①]

臣僚奏对方式与途径众多：正常情况下，既有行政体制之内的轮对、转对；也有行政体制之外的经筵官员迩英留对及夜对等。

轮对、转对一方面是君主了解下情、了解信息的途径，另一方面也是当面考察官员的机会。“抱才气者皆以得见上为喜，碌碌者颇以转对为忧”[②]。在当时凡是有才气的人都希望能见到君主，非常重视转对的机会；而那些庸庸碌碌的人一旦轮到转对，就很发愁，不知道该说什么才好。

南宋淳熙十一年(1184)，陆九渊当轮对，在轮对前后，他曾与朱熹等人商议交流。轮对时，精心准备了五

---

① (宋)魏了翁：《鹤山先生大全文集》卷一八，叶18b，四部丛刊初编影印乌程刘氏嘉业堂藏宋刊本。

② (宋)李心传撰：《百官转对》，见《建炎以来朝野杂记》甲集卷九，徐规点校，170页，北京，中华书局，2000。

份奏札，分门别类，将自己的看法向孝宗详细阐述，其中直截了当地批评当时的政治局面说：

> (陛下)临御二十余年，未有(唐)太宗数年之效。版图未归，仇耻未复，生聚教训之实可为寒心。①

轮对成为君臣直接沟通的重要途径。

经筵是汉唐以来帝王为讲论经史而特设的御前讲席。宋代的经筵，到了北宋第四个皇帝仁宗的时候才比较规范。因为仁宗幼年即位，皇太后刘氏执政，她非常关心小皇帝的教育和成长，专门安排名儒来给他讲课，地点就设在宫中的迩英阁。经筵结束后，讲官们常有机会留下来跟皇帝个别谈话。

司马光《手录》里记载了他担任宋神宗经筵老师时期的君臣对话：熙宁元年至三年，司马光在迩英阁为神宗讲授《资治通鉴》。课后，皇帝经常征询他对新法的意见，以及对于高级官员的看法。有学者认为，"他们之间的谈话十分坦率、诚恳，简直像朋友一样"②。

南宋孝宗在位时，经常召臣僚夜对：

---

① (宋)陆九渊撰：《删定官轮对札子》，见《陆九渊集》卷一八，钟哲点校，221 页，北京，中华书局，1980。

② 李裕民校注：《司马光日记校注》，11 页，北京，中国社会科学出版社，1994。

> 或问经史，或谈时事，或访人才，或及宰执所奏，凡所蕴蓄靡不倾尽。故宇文价论六路赈济推赏事，此尚书夜对之言也；陈骙论治赃吏当用祖宗法，此中书夜对之言也；倪思乞养成皇孙国公德性，此直学士夜对之言也；金安节、马骐论谏官言事失当不宜深罪，此侍讲夜对之言也；周操以侍御史内宿召对论遣使事，王蔺在讲筵夜对论临安府王佐赃污事，此皆燕直清闲雍容论奏之言也。
>
> 恩意浃密则就澄碧殿锡燕，职业修饬则上清华阁赐诗，从容造膝过于南衙面陈，先事献言加于路朝显谏……①

这样不拘一格、“从容造膝”的召对方式，使臣僚倾尽肺腑，知无不言。

宋代朝廷颁布发行《邸报》即政府公报，皇帝的诏书命令、起居言行，中央政府的法令、公报，官吏任命、赏罚消息，乃至臣僚的部分章奏文报，都通过《邸报》向四方公布。

应该说明的是，两宋历史有沟通开放的一面，也有政权对于不同意见的压抑打击，有派系整肃、党同伐异的文字狱案。像北宋时期的车盖亭诗案、乌台诗案、元祐党籍，南宋时期高宗秦桧的专制高压、韩侂胄导演的庆元党禁等等，都是此类性质的严重事件。

---

① （宋）吴泳：《鹤林集》卷一九，见四川大学古籍所编：《宋集珍本丛刊》第74册，叶4a、叶4b，454页，北京，线装书局，2004。

四、宋代社会氛围和文化风气的演化

（一）新儒家：新思想与新文化

谈到宋代文化，离不开新儒家的问题。新儒家在当时所代表的，是一种新的思想、新的文化。所谓“新”，主要是指对于儒学经典的新阐发，体现出对于“理”（“道”）的深切追求。我们现在说到理学或者道学时，会觉得是对人们思想的一种束缚，但是在宋代，它是一种思想创新，是思想解放的结果。当时这些新儒家的代表人物，把“理”作为根本性的追求，将其置于超越性的地位之上。对于“理”，朱熹有一种解释，他说：“天下之物，则必各有所以然之故与其所当然之则，所谓‘理’也。”[①]他的意思是说，万事万物的状态及其运行，都有其内在的原因，都贯穿着根本性的规律、法则。这样一种根本性的规律和法则，是运行于天地之间、人世之间、万事万物之间的，是贯通性渗透性的。理学家们把这样的一种认识、一种追求、一种境界，或者说这样的一种原则，贯穿到他们的治学，也贯穿到他们的从政方式里面。

如余英时先生所说，事实上，“政”与“学”兼收并

---

① （宋）朱熹撰：《大学或问上》，黄坤点校，见朱杰人、严佐之、刘永翔主编：《朱子全书》第6册，512页，上海，上海古籍出版社，合肥，安徽教育出版社，2002。

蓄，不仅朱熹为然，两宋士大夫几无不如是。政治文化是一个富于弹性的概念，既包括了政治，也涵盖了学术，更点出了二者之间不可分割的联系。不但如此，这一概念有超个人的涵义，可以笼罩士大夫群体所体现的时代风格。①

（二）市民阶层的发展与都市格局

宋代文化带有一些平民化、世俗化、人文化的特征，而这种特征的出现与宋代的社会变迁有着直接的关系。宋代出现了比较成熟的市民阶层，明确出现了“坊郭户”这一城镇户口的户籍分类。所谓“坊郭户”，其实就是生活在城郭、街坊中的城镇居民和工商业者家庭。在宋朝，传统的士、农、工、商阶层，流动相对频繁，正如北宋袁毂所说：“昔之农者，今转而为工；昔之商者，今流而为隶。贫者富而贵者贱，皆交相为盛衰矣。”②

以“重商”为核心的市民思潮和具有大众化特征的市民文化兴起，影响到当时城市的内在格局。不同于唐代长安明显的尊卑秩序、明清北京城市空间布局对皇权至上性的强化，北宋东京显得相对世俗而宽容，充溢着相对开放的都市气息。

---

① 余英时：《朱熹的历史世界：宋代士大夫政治文化的研究》，5～7 页，北京，生活·读书·新知三联书店，2004。

② （宋）袁毂：《多福院记》，见（元）马泽修、袁桷纂：《延祐四明志》卷一九，叶 19a，4622 页，影印清咸丰四年烟屿楼《宋元四明六志》刊本，北京，中华书局，1990。

都市中最引人注目的，不是当时的宫廷文化，而是面向民众的通俗娱乐文化形式，是勾栏瓦舍这样的市民娱乐场所。随着城市经济的发展与市民阶层的兴起，与之相应的俗文化大放异彩。

通过唐宋时期人物画卷、人物墓志的比较，可以看出，人物形象的呈现愈益贴近现实，普通人的生活状态受到关注，文本内容从华美浮泛走向生活化、个性化。从经典阐释、史论篇章到文学作品、笔记尺牍，都更加措意于人生价值的追求。地方志之类著述，重心逐渐转向对于乡贤人物、乡土情怀的关注。凡此种种，都显示出人文化的趋向。

这一时期，文学重心下移，呈现出全面繁荣的样态：文学的体裁从诗文扩大到词、曲、小说，与市井有密切关系；创作主体从士族文人扩大到庶族文人，进而扩大到市井文人；文学的接受者扩大到市民以及更广泛的社会大众。

诗和词是文学史上两种重要体裁。词的创作演唱适应城市的娱乐需要而发展起来。“诗述志，词娱情”。以著名女词人李清照为例，她生活在两宋之际，生活从安逸到颠沛流离，对当时的社会状态有着深切的感受，凡慷慨悲怆的心绪，往往用诗来表现，而幽约委婉的情调，则会用词来阐发。柳永、苏轼、辛弃疾等人词作中婉约与豪迈的不同风格，烘托出宋词云蒸霞蔚的绚烂大观。经过宋代300多年上自朝廷下至市井的歌唱，中国文学有了更加细腻的感觉，中国文化也呈现出更加丰富多彩的面貌。

代结语

就朝廷上的政治气候及具体制度的渊源而言，很难说元、明、清数朝直接承继宋代。但从近代的“人心”“政俗”来看，无论是政治理念、思想文化方面的创新或是因循，宋代带来的影响，都深深地渗入到中国社会的肌体之中。

这一份政治文化遗产，后来者需要认真面对。

2013 年 3 月 23 日，于北京大学主办“国子监大讲堂”

大俗大雅：宋代文人生活一瞥

两宋时期，艰困忧患和繁荣辉煌是交错并存的。在这种整体氛围中，包括士人群体构成的多元，生活内容的多元，思想意识的多元，艺术品味的多元，都成为当时社会的典型现象，呈现出宋人生活中一体多面、雅俗相依的双重文化性格。

就今天的主题而言，在座专家云集，我个人则对茶艺、器用等方面的内容了解有限；所以今天只能尝试讲一些“边缘性”的内容，算是敲个边鼓，也藉以向各位求教。

对于宋代这样一个历史时期的定位，中外学界有很多不同的认识。总体而言，学界对于宋代经济、文化的发展成就有高度的肯定，同时对这个时期面临的严峻挑战、产生的突出问题，也有非常严肃的讨论。谈到宋代文人“大俗大雅”的生活情趣，势必涉及他们在当时的“生活圈”。所谓“生活圈”，是指文人生活的环境以及当时的社会氛围。下面我们分三个方面，简单地谈谈。

一、生于忧患，长于忧患

首先要从赵宋王朝的立国形势开始讲起。宋代的立国形势，我想基本上可以用八个字简单概括，就是“生于忧患，长于忧患”。宋代所处的历史时期，始终面临着非常严峻的外部压力，事实上是中国历史上又一个“南北朝”时期。宋代是中国各主要王朝里疆域最狭小的，到南宋的时候，以淮河—大散关一线作为宋金之间的边界，则更是偏安一隅。这样的外部环境，给宋代的历史带来了非常深刻的影响。

正是在这样的整体格局之下，对外贸易交流的主要出发点转向东南沿海，才真正形成了所谓的“海上丝绸之路”。实际上，从考古发现中，我们清楚地看到，“海上丝绸之路”主要的贸易产品已不再是丝绸，而是大量的瓷器，也有一些金银器、铁器。今年 2 月 24 日《文汇报》刚刚刊登了一篇文章，叫做《“南海一号”：沉睡 800 年的繁华》。

宋代的历史呈现着许多看似矛盾的现象，从这个角度而言，也可以说这个时期有非常开阔的研究空间。我们既看到两宋三百年在经济、文化、制度建设方面有着辉煌的成就，也痛切地感觉到王朝末日的苍凉。在这样一个时代里，一方面有宋徽宗这样酷爱艺术的帝王，对“太平盛世”刻意追求、大肆渲染；另一方面，这个时期并不是三百年的“太平盛世”，而是始终伴随着外部环境的挑战。

宋代的民庶、士人以及征战于疆场的军队将士，用他们的脊梁撑起了这样一个时代。这些英雄人物，也有他们的精神寄托与生活情趣。以岳飞的《满江红·怒发冲冠》和韩世忠的《临江仙·冬看山林萧疏净》为例，可以看出既有征战中壮怀激烈的慷慨悲壮，也有承平时往事如烟的慨叹与闲情。在这个时期，方方面面呈现出一种多重而复杂的生活情境。

总体来说，宋代外部压力沉重，就国内政治局面而言，“稳定至上”是朝廷政治的核心目标。对于民间文化发展、经济事业、社会生活等方面，宋廷因仍自然趋势而未予过多干预。相对来说，宋代文化环境比较宽松，士人群体活跃，“开口揽时事，论议争煌煌”①。正是在这样相对开明、宽松的环境下，宋代社会充满活力，大师、精英辈出。由这种开放的氛围，孕育出一种开创的精神。

二、走向平民化、世俗化、人文化

从唐代到宋代，一方面社会形态、文化学术方面有非常清晰的延续性，另一方面当然也有走势上的明显不同。葛兆光先生在《道教与中国文化》中曾经说，唐文化

---

① （宋）欧阳修撰：《镇阳读书》，见《欧阳修全集》卷二，李逸安点校，35 页，北京，中华书局，2001。

是“古典文化的巅峰”，而宋文化则是“近代文化的滥觞”。[①] 这两者间的区别，如果用一种较为简单的方式来概括，就是出现了“平民化、世俗化、人文化”的趋势。所谓的“化”，不是一种“完成时”，而是一种“进行时”，是指一种趋势，这在很大程度上塑就了宋代社会、宋代文化的特点。

比较一下唐宋两代的都城，我们能直观地感受到两类都市格局和它们呈现的不同气象。唐代长安城的都市布局非常严整，而宋代的开封，相对来说商业气氛比较浓重。唐代的居民住宅区基本上是坊式的结构，在某种意义上接近于封闭的小区。而宋代城市的结构，大体上是一种长巷式、街区式的布局，是一种开敞式的氛围。南宋的“行在”临安也是如此。描绘宋代都城繁华景象的笔记之类文学作品有很多，也有存世的著名画卷，比方说描写北宋后期东京开封都市风貌的《清明上河图》，大家都非常熟悉。而对于南宋都城临安，当时的笔记如《梦粱录》《武林旧事》《西湖老人繁胜录》等等，都叙述了杭城内外的市井繁华景象：“杭城之外城，南西东北各数十里，人烟生聚，民物阜蕃，市井坊陌铺席骈盛，数日经行不尽……足见杭城繁盛耳。”[②]最近几年在美国

① 葛兆光：《道教与中国文化》，216 页，上海，上海人民出版社，1987。

② （宋）吴自牧撰：《梦粱录》卷一九《塌房》，黄纯艳点校，见朱易安、傅璇琮等主编：《全宋笔记》第 8 编第 5 册，291 页，郑州，大象出版社，2017。

弗利尔博物馆发现的《西湖清趣图》，有学者认为它所描绘的就是南宋时期临安西湖一带的繁盛景象。[①]

两宋时期，文学重心逐渐下移，成为文化史上引人注目的现象。所谓“文学重心下移”，主要是指文学体裁从诗文扩大到词、曲、小说，与市井有了更为密切的关系；创作主体从士族文人扩大到庶族文人，进而扩大到市井文人；文学的接受者扩大到市民以及更广泛的社会大众。当时，在都市的街头巷尾，活跃着一些讲史、说书的艺人，他们不仅是故事情节的传布者，也是文学作品的丰富者、参与创造者。而生活在市井中的普通民众，也成为文学艺术的直接欣赏者和接受者。随着都市经济的发展，市民阶层兴起，世俗文化大放异彩，在道路通衢、瓦子勾栏，有说书的、杂耍的、讲史的，也有街头的饮茶活动，这些都是市民文化勃兴的重要标志。

晚唐五代，词作开始从青楼楚馆走出来，到宋代已经蔚为大观。以北宋词作家柳永的《八声甘州》和《定风波》为例，前者“对潇潇暮雨洒江天，一番洗清秋”[②]抒写了作者漂泊江湖的愁思和仕途失意的悲慨；后者“自春来惨绿愁红，芳心是事可可”[③]则体现了民间女子的生活追求与内心情事。由此我们看到宋代词作家“清雅”与

---

① 郑嘉励：《〈西湖清趣图〉所绘为宋末之西湖》，载《杭州文博》，2014(1)。

② (宋)柳永撰，薛瑞生校注：《乐章集校注》，101 页，北京，中华书局，2012。

③ (宋)柳永撰，薛瑞生校注：《乐章集校注》，52 页，北京，中华书局，2012。

“俚俗”并存的审美风尚。

文化知识、文学作品的普及需要依托于特定的技术手段，像雕版印刷的发展，就成为重要的条件之一。当时不光是国子监和地方官学，私人的家馆、私塾，以及社会上的书铺，都可能刻板印书。宋人如邢昺、苏轼，都曾经提到印刷术对于知识传播的帮助，说“今板本大备，士庶家皆有之，斯乃儒者逢时之幸也”①。南宋史学家王称《东都事略》的绍熙刻本，目录后有牌记标明：“眉山程舍人宅刊行，已申上司不许覆板”②，可见当时已经有了“版权保护”的明确意识。

通过读书、科举、仕宦、创作、教学、游赏等活动，宋代的文人士大夫结成了多种类型、不同层次的交游圈，这是当时重要的人际网络。近年来伴随着人文资料数据化的进步，有些学者尝试利用关系型的数据库（例如《中国历代人物传记资料库》CBDB）进行士人人际网络的统计与分析，绘制出一些示意图。我们可以从中直观地看到北宋中期司马光、苏轼、程颐等人不同层次的交往关系。

当时这些士人的交游活动非常兴盛。像真率会、耆英会、九老会、同乡会、同年会等各种各样的聚会形

---

① （宋）李焘：《续资治通鉴长编》卷六〇，景德二年五月戊辰条，1333页，北京，中华书局，2004。

② （宋）王称：《东都事略》，叶29b，68页，影印宋绍熙间眉山程舍人刊本，台北，“中央图书馆”，1991。

式，层出不穷。有时“耆老者六七人，相与会于城中之名园古寺，且为之约：果实不过五物，殽膳不过五品，酒则无算。以为俭则易供，简则易继也。命之曰‘真率会’”①。都市中的茶楼、酒肆，成为文人交往、“期朋约友”相互会聚的场所。《梦粱录》的相关记录说道：“汴京熟食店张挂名画，所以勾引观者，留连食客。今杭城茶肆亦如之，插四时花，挂名人画，装点店面。……茶肆皆士大夫期朋约友会聚之处。巷陌街坊自有提茶瓶，沿门点茶。”②

不仅是在这些城市公共空间里，我们看到一些私人的花园、亭馆也成了士人喜欢交游访友的去处。像洛阳的花圃、苏州的园林，不少名人宅邸有频繁的交往活动，苏州城内的中隐堂、崑山附近的乐庵、松江之滨的臞庵，都是这样的地方。史称“臞庵在松江之滨。邑人王份有超俗趣，营此以居。围江湖以入圃，故多柳塘花屿，景物秀野，名闻四方。一时名胜喜游之，皆为题诗”③。时人以为“心闲事事幽”④，四方友朋、挂冠而归

---

① （宋）吕希哲撰：《吕氏杂记》卷下，夏广兴点校，见朱易安、傅璇琮等主编：《全宋笔记》第 1 编第 10 册，285 页，郑州，大象出版社，2003。

② （宋）吴自牧撰：《梦粱录》卷一六《茶肆》，黄纯艳点校，见朱易安、傅璇琮等主编：《全宋笔记》第 8 编第 5 册，246 页，郑州，大象出版社，2017。

③ （宋）范成大纂修：《吴郡志》卷一四，见《宋元方志丛刊》第 1 册，汪泰亨等增订，叶 14b，796 页，北京，中华书局，1990。

④ （宋）范成大纂修：《吴郡志》卷一四，见《宋元方志丛刊》第 1 册，汪泰亨等增订，叶 16a，797 页，北京，中华书局，1990。

的“耆德硕儒”，经常往来酬酢，“极文酒之乐”①，“以经史图画自娱”②。

《西园雅集图》以及米芾所写的《西园雅集图记》，早为大家所熟知。被传为佳话的北宋“西园雅集”，就是当年像苏轼、苏辙兄弟以及黄庭坚、李公麟这样一些菁英人物汇聚于驸马王诜园邸，赋诗、题词的盛事。往来之际，煎茶点茶、酌酒吟诗。南宋王十朋也提到：“会同僚于郡斋，煮惠山泉，烹建溪茶，酌瞿唐春。”③文人士大夫常常流连忘返于这种其乐融融的场景之中。士人也将茶具、酒器、梅花、新茶等作为重要的礼品彼此互赠。时人将此类以物相赠的活动，称为“人事”。(张淏《云谷杂记》：“今人以物相遗，谓之‘人事’。”④)

总的来看，宋代文人可能从事形形色色的公务事任，进行多姿多彩的交游活动，也有很多独处静思的时间；在不同的空间场合、不同的文化氛围中，发展出了丰富的生活方式，也展现出士人的多样性情。

---

① (宋)范成大纂修：《吴郡志》卷一四，见《宋元方志丛刊》第1册，汪泰亨等增订，叶9b，794页，北京，中华书局，1990。

② (宋)范成大纂修：《吴郡志》卷一四，见《宋元方志丛刊》第1册，汪泰亨等增订，叶17a，798页，北京，中华书局，1990。

③ (宋)王十朋：《会同僚于郡斋》，见《梅溪集》后集卷一三，叶14b，四部丛刊影印明正统间刘谦温州刊本。

④ (宋)张淏撰：《云谷杂记》卷三，张宗祥校录，95页，上海，中华书局上海编辑所，1958。

三、大俗大雅：对于意境的追求

台湾“中研院”院士陶晋生先生在其《宋辽金元史新编》中，曾经做过这样的论断：“这一时代里中国人并重理想与现实，兼备雅与俗的口味。”[①]陶先生是从不同方面来论证的，我们今天不去讨论政治军事，仅就宋人的生活和思维方式而言，应该说，受到了禅宗潜移默化的影响。禅宗认为“佛法在世间”，持平常心，注重“当下”，这些意识渗透在宋代士人的生活方式之中。生活俗事、民间俗语，皆可能有其雅致趣味，可以入画入诗。苏轼说：“诗须要有为而作，用事当以故为新，以俗为雅。”[②]黄庭坚也称：“以俗为雅，以故为新，百战百胜，如孙吴兵法。”[③]扬之水先生曾经说：“宋人从本来属于日常生活的细节中提炼出高雅的情趣，并且因此为后世奠定了风雅的基调。”[④]这样的时代特点，应该与禅宗旨趣的影响相关，解道悟法者，行住坐卧运水搬柴处处是道。新儒学的兴盛，也强调天地之间无非是道，事事物物皆有理。当时“游于艺”的观念，正是被置于

---

① 陶晋生：《宋辽金元史新编》，5 页，台北，稻乡出版社，2005。

② （宋）苏轼：《苏轼文集》卷六七，孔凡礼点校，2109 页，北京，中华书局，1986。

③ （宋）黄庭坚：《豫章黄先生文集》卷六，叶 2b，四部丛刊影印宋乾道刊本。

④ 扬之水：《宋人与花与香与瓷器》，见《宋代花瓶》，32 页，北京，人民美术出版社，2014。

“志于道，据于德，依于仁”这样一种整体框架之下予以认识的。

如上所述，两宋时期的社会环境复杂多变，既有承平的岁月，也有战乱的时期；一时英杰既有征战沙场时的豪迈气魄、激昂奋发，也有日常生活中的世间柔肠、儿女情怀。在艺术旨趣上，“雅骚之趣”和“郑卫之声”同存，匠师画和文人画双峰并峙，文人作品中不乏世俗关怀，市井作品里也可能充溢着书卷气息。种种现象，都呈现出宋人生活中一体多面、雅俗相依的双重文化性格。

“雅俗兼资，新旧参列”[①]，是北宋名臣孙何向宋真宗提出的治国理政原则。由此我们也看到，就时人观念而言，所谓的“雅”与“俗”，在日常文化生活与政治生活中，方方面面都是融通的。朱熹在与学生谈话的时候，曾经明确地说：“天地与圣人都一般，精底都从那粗底上发见。”[②]南宋中期的文人韩淲，在其诗作中也说：“雅俗岂殊调，今古信一时。”[③]可见精与粗、雅与俗在当时的人看来，并非绝然割裂的两个方面。宋人的雅俗观，他们在文学、艺术、社会生活理念中的雅俗情趣，

---

① （宋）孙何：《论官制》，见（宋）吕祖谦编：《宋文鉴》卷四三，齐治平点校，650 页，北京，中华书局，1992。

② （宋）黎靖德编：《朱子语类》卷九八，王星贤点校，2507 页，北京，中华书局，1986。

③ （宋）韩淲：《涧泉集》卷五，见四川大学古籍整理研究所编：《宋集珍本丛刊》第 70 册，叶 6b，359 页，影印清乾隆翰林院钞本，北京，线装书局，2004。

给当时的文坛乃至整个文化生活都带来了一种新的气息、新的趣味和新的活力。

简约，是宋代艺术的重要特点之一，在绘画、瓷器以及其它许多器物上都渗透浸润着简约之美。南宋的刘安节在谈论国家大政方针时，也提出"王者之治"应该是"至简而详，至约而博"的[①]。这种观念贯彻在当时社会生活的方方面面。就时人而言，日常生活、文化生活和政治生活中的很多原则都是相互贯通的。

我们看到，与隽永雅致的瓷器并存的，也有书写着"忍""招财利市"之类世俗字样的器物。这种大俗大雅的并存融通，生动体现出贯通两宋的文化风情。

综上可见，两宋时期，面对严酷的内外挑战与生活压力，士人民众迸发出坚忍顽强的生命力，不懈追求美好生活，创造出丰厚的物质文化财富与感人至深的精神遗产。

雅与俗，关系着宋人赡蔚丰润的文化意识；复古与创新，体现着宋人日常生活中的文化实践。他们"游于艺"的修养和美学趣味，在"志于道，据于德，依于仁"整体的精神追求中得到了升华。如朱熹所说，"日用之

---

① （宋）刘安节：《刘左史文集》卷二《达瑞节同度量成牢礼同数器修法则》，见四川大学古籍整理研究所编：《宋集珍本丛刊》第31册，叶9a，477页，影印清乾隆四十四年吴氏古欢堂钞本，北京，线装书局，2004。

间本末具举，而内外交相养矣。”[①]通过这样的文化涵育，希望达致崇高的人生境界——这正是宋代文人的精神追求。

2016 年 3 月，于北京大学考古文博学院

“闲事与雅器：宋人的生活与器用”论坛

① （宋）黎靖德编：《朱子语类》卷三四，王星贤点校，866 页，北京，中华书局，1986。

再谈对于宋史的“再认识”

——《澎湃新闻》访谈

编者按：北京大学历史系教授、人文社会科学研究院院长邓小南长期从事宋史研究。自上世纪八十年代起，她在硕士论文的基础上，发表了一系列关于宋代任官制度的学术成果，由此展开对中国古代官僚制度的研究。此外，她的研究范畴还涉及宋代的“祖宗之法”、唐宋妇女史、家族史等。新世纪以来，邓小南不断呼吁对宋史需要“再认识”，提倡为宋史研究引进新方法、新视野，重新发掘旧材料和重视利用新史料。这篇访谈，即是对“再认识”的一个概括性介绍。

澎湃新闻：这些年来，您在不同场合都曾呼吁说要对宋代历史“再认识”。那么，这就意味着以前的认识必然存在着不足之处，值得我们再去重新审视这个历史时期。您是如何界定这个“再认识”的？

邓小南： 历史学是一门重在反思、重在辨析的学问。既然如此，“再认识”就始终是我们面临的挑战与责任。就宋代历史而言，所谓“再认识”，至少包括两个层面的内容。

首先应该说，对宋代历史的研究，近代以来已经有了相当深厚的基础，积累了不少基本认识；其次是说，随着时代的发展和学术队伍的壮大，研究议题更加丰富，材料解读愈益深化，有些问题，包括一些根本性问题——例如南北格局、胡汉/华夷关系、权力运作方式、财政经济、思想文化、社会变迁等——确实需要重新认识，需要置于长过程大背景下予以思考；目前也有了新的审视角度、新的观察视野，有了重新认识的可能。在中国历史上各个朝代的研究中，对宋代的认识评价可能是反差最为突出的。相比于其他历史时期，宋史研究的空间值得大大拓宽，思考讨论应该更加缜密。认识这一时代的历史，不能单一视线，也不能选精拔萃。“再认识”需要学界集体性的自觉，需要注意问题意识的培养，也需要关注不同时代回应现实的特有“路径”。

我跟学生讨论时会说，史学成就的高低，一定意义上取决于材料与议题结合的程度。最近几年徐谓礼文书的发现和整理，对制度史研究者是难得的机遇。但整体上看，迄今为止，还没有出现足以撼动宋史研究基本框架的考古发现或其他类型的新材料；缺少来自新材料的冲击，也相对缺乏对材料的敏感。这对宋史研究者来说，或许是一种“天然”的缺陷，也是我们学术训练中的软肋。新材料带来的激荡不足，更要靠我们提高学术敏锐度，在现有材料中读出新意。

澎湃新闻：说到新的材料对宋史研究带来的冲击，您曾经呼吁和提倡深入研究宋人书画，为宋史研究提供新的材料。能请您具体谈谈这方面的研究情况吗?

邓小南：我们做宋史，今天真正能够直接“触摸”到的宋人留下的文化痕迹，除去我们熟悉的史籍，就是传世书画艺术品、出土器物和古建筑。无论书法还是绘画作品，都蕴涵着当时文化菁英的学养与情操。但就其功能而言，二者有明显的不同之处。与绘画相较，书法在现实生活中承载着更为直接的社会功能，是人们用以沟通信息的方式；无论在察举科举中，无论是为官任吏者，都无法离开书写技能。作为自古以来的实用技艺，书法体现着士人的基本能力素质，也是谋生的手段之一，在中国古代的官场和民间长期受到重视。目前传世的宋代书法作品，多是士人手迹。就其风格而言，有常用于官方文书撰写抄录的“院体书法”，也有“文人书法”。文人篇什作品与其墨迹，往往构成“一体两面”的欣赏对象。就其内容而言，属于原创者，往往为公私文书、诗文、尺牍、题跋之类材料，大多可直接作为原始史料利用，其中有些本身即是政治史、文化史、社会史资料。

宋代书法作品中保留着一些诏敕，这类文书就是当年政令的载体。其中有赐予臣僚个人，作为指示、奖谕或表示体恤的；也有颁发给特定部门，作为政务“指挥”行用的。类似的内容，文献中有不少著录，但很少记载时人习见的文书体式。书法作品中的政令原件，让我们有机会注意到当年制度运行的实际程序，包括具体内容、各环节的承接方式、沟通途径，以及签署者、责任人等详尽信息。若想关注制度演变脉络，让我们的认识落到实处，不能不依靠这些书法实物。

画作对宋史研究者也很重要。艺术史本是历史学的重要组成部分，现在被人为分开了。当然，历史学者与艺术史家对画作的认识角度不同。艺术史家往往是将特定背景下的画卷“拉”出来，进行集中聚焦式的情境分析；历史学者则倾向于把书画材料“纳”进特定的背景之中，作为观察时代的一个“入口”。以政治史研究为例，画作之所以能够成为政治史的研究对象，首先是由于中国绘画中确实存在“政治主题”；画作可能是权力的显现，也可能是权力发生作用的一种形式。当年的创作活动、书画收藏与欣赏、书帖与画谱的编纂，本身就可能蕴含着政治的寓意；后妃、臣僚、画师的艺术才赋，都可能成为一种政治资本。宋代历来以宫廷绘画兴盛、职业画家活跃、文人画思潮形成而著称。宋代画作中，有不少是政治宣传画，或展现帝制权威尊卑秩序，或渲染治世圣德祥瑞，或献策逢迎或规谏针砭，都是当时政治生态的鲜活反映，也让我们注意到通过画作引导舆论、占据文化制高点的努力。成于北宋仁宗朝、用于劝谕鉴戒的《观文鉴古图》《三朝训鉴图》等，直接服务于朝廷政治目标，用作“帝王学”图文并茂之教材，同时也被宋人视为了解本朝圣政、祖宗故事之史料。除了与宫廷或朝政相关的绘画之外，宋代的地方官员会以画图作为告谕民众的施政手段；处江湖之远的士大夫，也会以图画或直白或幽约地表达心声。文人的绘画及鉴赏、馈赠、收藏等活动，也渗透着结交人际网络的努力。即便看似超脱于政治的文人画，也是特定政治文化环境导致的结果，体现着对当时政治景况的直接间接回应。

说到拓宽材料面，还有一类材料值得注意，就是明清社会史研究者经常用到而宋史学者不大利用的宗谱、族谱、家谱。一般来说，修谱者所展示的家族史，反映的是相对封闭的内容，重支派蕃衍而不重时代环境，与研究者所追寻的历史，存有相当的距离。某种意义上或许可以说，宗族“活”在人们选择性的记忆中；其记叙反映着子孙心目中对前世的追认与理解，大都有夸饰甚至虚构的内容。我们注意到后代编修的族谱追溯宋代先祖情形往往“不靠谱”，通常认为不可信据；其实，若能下功夫仔细辨识，可能会有意外的发现。就我个人有限的了解而言，明清乃至民国精心修缮的一些族谱，例如浙江龙泉何氏宗谱、缙云吕氏族谱所记述的宋代祖辈行实，虽然有明显的混淆误差甚至掺假，但其中确有宋代留下来的真实内容，应该是在宋代材料的基础上“盘整”而成。像宋代官称之类，造伪并非容易。一些宋代资料通过重辑翻修的形式，被包裹着“活”在明清以降传世的谱系之中。实情与伪作，应该仔细梳理剥离。也是在这个意义上，或许可以说，这类材料中散存着我们至今尚未充分辨析发掘的宋代社会史研究“资料库”。

澎湃新闻：一个有意思的问题是，我们对宋代存有各种各样的负面印象，但与此形成鲜明对比的是，西方学者却对宋代给予极高的评价，在您看来，我们应该如何认识这两种截然不同的认识？

邓小南：的确，大家可能都已经注意到了，国内学界与西方汉学家对宋代的认识颇不相同。这种差异的背后，是思考语境与学术脉络的不同。具体来看，或许可以从两个角度考虑。其一，我们对宋代的认识框架基本是近代以来形成的，包含着当代人的民族情感和反观历史的体悟；对“自立于世界民族之林”的憧憬，往往与对汉唐盛世的怀恋联系在一起。而西方学者从外在的角度观察中国历史，通常没有这种内心感受。其二，出于特定的政治文化传统，“大一统”与政权间角力的成败，是国内学界关注的核心问题。西方学者与我们学术背景不同，更加注重社会经济史、文化史方面的因素。凡此种种，都呈现出不同的思考方式，需要我们在更为开广的视域中相互启迪，重新认识宋代的历史。

澎湃新闻：我们对宋代留下的负面印象当中，最突出的，流传也最广的，可能就是“积贫积弱”这一点了。您也曾经提到，中国主要朝代的创业君主中，只有赵匡胤出身于职业军人，然而，赵宋王朝偏偏以对外军事作战不竞不振而著称。在您看来，我们该怎样看待宋代这种既“以兵立国”又“崇文抑武”的现象呢？

邓小南：关于宋代的“积贫积弱”，自上个世纪中期，学界一直就有这样的认识，教科书上通常也这样说。钱穆先生《国史大纲》就痛感宋代是“积贫难疗”“积弱不振”；最近几年，有一些直接或间接的讨论，也有学者提出不同的意见。我们看到，在宋人的说法中，“积贫”大多是自民生角度着眼；“积弱”则是指本朝国势。而近代以来批评的“积贫积弱”，则是针对赵宋王朝整体国力的评断：积贫，是从宋代国家财政用度出发（例如冗兵、冗官、冗费等）的认识；积弱，是针对其国势疲弱、备受欺凌的慨叹。这样的概括在一定程度上反映出了宋代“生于忧患，长于忧患”的特征，但涵义比较含混，征诸历史事实也并非十分确切。

明史专家黄仁宇在《赫逊河畔谈中国历史》一书中，针对宋代提出一个疑问，说“一个以军人为首脑而组成的国家，自始注重国防，偏在军事上的作为，不及其他任何主要的朝代”。在今人想象中，“军事上的作为”自然是指对外作战的成就；而在当时，五代扰攘动荡主要源自禁军，出身军事统帅的赵匡胤黄袍加身之后，为防范内部变乱，稳定政权，首先是要收揽军权，控御军将。太宗及其后的君主，亦竭力倡导军将循谨驯顺。就赵宋而言，“天下大势分为南北”（章如愚语），始终处在“国依兵而立”的局势下，“兵卫者，国之爪牙”（张方平语）；正因为如此，对关系全局的爪牙之驭制一直是朝廷所不敢释怀的。

宋代文武关系的调整，主要是通过文武殊途定位实现的。一方面倚仗文臣，使其操持国柄；另一方面，则以丰厚待遇笼络武将，“依重兵而为国”（张方平语）。至于后人批评的“崇文抑武”政策，初衷是有鉴于晚唐五代局势，防范武将跋扈，保证统治安定；这一政策在民间产生了重要影响，甚至形成了重文轻武的社会风气。

宋代军事方面的问题，包括与北族政权的对峙缘起，要置于安史之乱到澶渊之盟两个半世纪的长过程中观察。后晋石敬瑭将幽云十六州割让给契丹，北族政权与中原王朝的对峙线，南推到一马平川的华北平原，这样的军事地理格局当然对北宋相当不利。但军力不振的关键在于最高统治层的战略决策失误，也可以说是太宗以来“守内虚外”“强干弱枝”政策以及猜忌方针带来的严重后果。就军队的作战——尤其是守御战——能力来看，实际上不似通常想象的那般不堪。许多军将士兵在艰苦卓绝的情势下，用自己的脊梁撑持着两宋的防卫格局，使当时的经济、文化能有机会得到较为充分的发展。

澎湃新闻： 关于宋代的政治局势，有的学者评之为君主专制独裁，也有学者认为这是中国帝制阶段“思想最为自由”的时期。这种明显矛盾的观点，是如何同时存在的呢？在您看来，我们应该如何看待这些观点？

邓小南：日本学者宫崎市定认为，五代以来，天子排除了中央政府中的贵族势力，继而又在与军阀的斗争中胜出。宋初君主驾驭军队的成功、相对于政府官僚部门的威势，两者成就了“前所未有的天子独裁政治”。不过，就宋代的情形而言，所谓“君主独裁政治”，并不是皇帝个人享有绝对权力、得以为所欲为的政治状态，而是以中央集权官僚制为基础、事实上受到一定制约的政治体制。

帝制时期，就其根本性质而言，都是专制王朝，说不上“三权分立”，不可能“民主自由”。但这并不意味着“天下乌鸦一般黑”。帝制王朝的统治形态、集权专制的运行方式并不相同。相较之下，宋代朝政“称得上是中国历代王朝中最开明的”(虞云国语)。北宋前期安定内政、化解矛盾时采取的理性务实态度，为国家日后的发展奠定了相对稳定宽松的环境，人材得以涵养蕴蓄，物质文化与精神文化有了长足发展的可能。传闻中太祖与赵普的对话，有“道理最大”一说；尽管无法证明确系当时说法，但至少宋代士人反复征引，将其视为本朝的政治基调，直至南宋后期都有其影响。与此同时，宋代也有树立威权的政治整肃，有文字狱和党禁，很难说是“知识分子的黄金时代”。但整体上看，士大夫代表着立国之“元气”，对政治的参与度确实较其前后时代更强，这不仅造就了士大夫阶层本身，也给宋代政治增添了活力。从这个意义上说，称之为“中国帝制时期思想最为自由的阶段”，与事实并不矛盾。

澎湃新闻：您曾经提到，宋代(包括北宋和南宋)统治的疆域远远无法与汉唐两朝相比。但是，北宋结束了五代这个中国历史上分裂程度最彻底的时代，“其统治所达到的纵深层面，是前朝所难以比拟的”。能否请您深入谈谈这个观点?

邓小南：中国历史上的十至十三世纪，是又一个“南北朝”时期。此前分裂时期并不少见，有的分裂阶段曾经持续二三百年，也有若干政权——特别是北方多个民族政权——并存的时期。五代十国时期的分裂，建立在晚唐藩镇割据基础上，是中原王朝辖境内部的分裂，而且南方多个小国分立，可以说是相当彻底的分崩离析。北宋所完成的，只是恢复了唐代后期的基本疆域，远远无法与汉唐旧境相比，并非严格意义上的“统一”。讨论宋代历史上的重要问题，不能脱离这一基本的空间格局。研究者应该把“宋代”视为一个时代史，而非单一政权史，才有可能综观全局。上世纪八十年代海外一些史学家集体撰著的 *China among Equals* 一书，指的就是这种外部势力环伺、内部生存空间狭小的局面。农耕地区与游牧地区的重归统一，是由蒙古民族建立的元朝完成的。

赵宋王朝自其建立之日起，即承受着巨大的外部压力，加之五代政权频繁更迭的前车之鉴，其内政选择明显倾向于因循求稳。统治集团以“防弊之政”为立国之本，措意于权力制衡，严控禁军指挥权，尽力消解地方军政势力，路州县级官员由中央部门直接调遣，依靠多途多层渠道下达中央政令、获知社情民意……用当时人的表述，是“上下相维，轻重相制，如身之使臂、臂之使指”（范祖禹语）。说法虽有夸大，但其统治达到的纵深层面，确实是前朝所难以比拟的。汉唐统治结束于内部变乱，而宋代以来，地方无力再与中央抗衡，政权内部势力也很难再通过“禅让”之类名目颠覆朝廷，中国历史上再也没有出现严重的分裂割据局面。

澎湃新闻：五代八姓十四君，一共只维持了五十三年。赵匡胤黄袍加身之后，不少人只不过把他当作“第六代”君主而已，认为他会像以前几个君主一样短命。但是宋朝稳定了下来。这是如何做到的呢？

邓小南：今天会说赵匡胤是大宋王朝的开国皇帝，但当他取代后周之际，时人可能感觉是又一短命王朝“六代”的开始。我们对当时举措的观察，也要从这里出发。

赵匡胤兄弟成长于五代，在他们之前，晚唐五代的精英人物一直在艰难地摸索解决困境的出路。无数经验教训的积累，使得调整变革的思路渐趋明晰。宋初政治领袖的贡献，正是基于一二百年间的探索，实现了王朝的稳定。朱熹曾经回顾说，太祖的做法是“先其大纲，其它节目可因则因”。当时的大纲，首先是建立“君君臣臣”的王朝政治秩序。与五代君主比较，宋太祖相对理性开明。从根本方针来说，“事为之防，曲为之制”是其精神原则，“立纪纲、召和气”是其基本政策的两轴。宋初的具体做法，涉及集中兵权、财权、人事权等诸多措置，是在“摸着石头过河”的过程中，步步为营，以较小的代价得到解决的。

澎湃新闻：中国历史上，虽然儒家文化一直占据主导地位，但儒学传承者作为一个群体在政事中起决定性作用的“士大夫政治”，直到北宋才出现。在您看来，这是出于什么原因呢？

邓小南：士大夫政治形态的演生，是中国古代历史上的重要问题。士大夫介于帝王与民庶之间，兼具读书人和官僚的双重身份，在国家政治中发挥着重要功能。中唐以后，这一阶层的社会构成逐渐脱离了世族背景，宋代更有许多“寒俊”侧身其间。他们中的优秀分子通过科举脱颖而出，认同儒家学说的基本价值，对社会有强烈的责任感。用欧阳修的话说，宋代士大夫“开口揽时事，论议争煌煌”，在正常的政治局面下，建言施政空间比较开阔。这一群体能够在国家政事中起到决定性作用，也与宋代相对宽松的政治环境相关。

不过，对所谓的“决定性作用”，不能推论过远。论者经常引用文彦博“与士大夫治天下”之语，认为是反映士大夫政治成熟程度的“标志性言论”。事实上，这一说法并不意味着君臣“共有天下”，不是对国家权力共同平等的分享，充其量只是君臣“共治天下”。帝制社会的权力结构有其层次，这使得“共治”不仅可能，也有必要。

澎湃新闻：遗憾的是，通过科举得以脱颖而出的这些士大夫，一方面具有深厚的文化涵养，另一方面又在无休无尽地政争，甚至发展到了贻误国事的地步。对此我们应该怎样认识？

邓小南：宋代士大夫中有许多具有深厚涵养的优秀人物，但这既未能保证宋代的政治运作始终朝向正确的方向，也未能使士大夫群体本身凝聚共识。在北宋中后期及南宋中期的政治风云中，这一群体陷入无尽的政争。这无疑与朝政趋向有关，也与窥测上意追风人物的表现相关。

北宋统治者对臣僚纠结朋党的戒惕，始料不及地促使了朋党之议的勃兴。“朋党”范畴之不确切，使其难于查实而易于被利用；同时容易激发情绪冲动，调动群体间的敌对意识，导致酷烈的派系政争。尤其值得注意的是，在当时的“君子”群中，看似水火不容的两极之间，往往具有比人们意料中更多的共通之处。无论是王安石或是司马光、二程等人，都希望“一道德以同俗”；在诠释“道德”之际，都具有依事划线的主观倾向。他们中的许多人虽欲更新时政却又热衷于各立门户，致力于制造清一色的政治局面。此后，“一道德”更成为整肃政敌的旗号。道德理想主义的诉求，本来是人文精神的反映；但要求道德学术“同于己”“定于一”，则是当时士大夫共同认识局限的表现；也正是因此导致了北宋后期士大夫群体内部深刻的分裂。而当朝廷致力于“人无异论”“议论专一”时，则无可避免地会导致思想上和现实中的专制倾向。

澎湃新闻：您曾经说过，“如果把宋代放到中国历史发展的长河中，我们可以看到从唐到宋经历着一个重要的社会变迁过程”，您将这个过程概括为“平民化、世俗化、人文化”。我们应该怎样理解这个过程？

邓小南：我们常说的“历史过程”，实际上是起讫点不一、内容性质不一的多种演变过程交错汇聚而成。这些过程，或与王朝递嬗同步，或与朝代更迭参差。提到从唐到宋的变化，大家自然会想到日本学者内藤湖南提出的“唐宋变革论”。这一假说关注政治形态、经济结构、社会群体、统治阶层的演变，建立起集中醒目的研究框架。但我们不宜将“变革”一语做绝对化的理解，也不能拘泥于“唐代是中世的结束，而宋代则是近世的开始”；要长程观察，而不以王朝之废立划为断限。

“平民化、世俗化、人文化”的说法，是受陈来教授启发。研究者都会感觉到，唐宋时期整体的社会氛围颇不相同，这种转变，重要的端倪始于唐代中期。唐代前期勋贵集团影响突出；经历过中晚唐到五代的社会变动，既有秩序被冲击，社会结构调整重组，“王侯第宅皆新主，文武衣冠异昔时”（杜甫语），“贫富无定势，田宅无定主”（袁采语），没有特殊家世背景的“寒俊”走上政治舞台。继承唐代而来的宋代文化，风格情趣有了明显不同。文学重心下移，体裁从诗文扩大到与市井关系密切的词曲、小说；创作主体从士族文人扩大到庶族文人乃至市井文人；文学的接受者扩大到市民以及更广泛的社会大众。唐代前期宗教气息浓厚，而禅宗“一扫僧徒繁琐章句之学”（陈寅恪语），成为本土佛教代表，渗透到民庶世俗生活与士人意识中。宋代是一民间宗教勃兴的时期，无数“杂祀淫祠”，无不与民众日常祈愿相关。伴随古文运动的兴起、新儒家的出现，学术文化的潮流发生了深刻的变化。从我们熟悉的文字和图像材料来看，普通人的生活状态日益被关心被反映。以往千篇一律的墓志，有了鲜活的内容；画作雕塑中不仅有雍容闲适的形象，也出现了辛勤劳作的小人物；地方志则成为士人交际网络与地方性认同的载体。诸如此类的现象不胜枚举。我们说“平民化，世俗化，人文化”，所谓的“化”，是指一种趋向，一种过程，是进行时而非完成时。从这个意义上看，唐宋之间的社会变迁“不是突变，而是渐变，不是断裂，而是因革”（张邦炜语）。

（原载《东方早报·上海书评》2016 年 12 月 18 日。采访者为郑诗亮、孟繁之）

人物研究不宜限于是非毁誉

——在吕惠卿学术研讨会上的发言

我们这次会议，是有关吕惠卿的研讨会。大家提交了许多有价值的论文。研究吕惠卿，当然首先要作史料的辨析、辨伪，以及史实的辩诬工作。由于宋代神宗、哲宗朝政治斗争的影响，从史实记载到论断评价都反反复复，是非毁誉失信于人，以至于无“信史”可言。因此，做研究需要从辨析开始，首先要做扎扎实实的史料工作。例如做吕惠卿的年谱长编，就是很有意义的。但是我想，研究吕惠卿，又不能仅仅从“辩诬”的思路出发，不宜限于个人的是非毁誉。要真正认清吕惠卿在历史上的功过、作用和他的地位，需要从吕惠卿这个人物中走出来。否则必然会面临研究论题的雷同与枯竭。

研究吕惠卿，并不是我们唯一的目标，也不是我们的最终目的。我们作历史研究，讨论中要强调“问题意识”，在众多有待研究的问题中间，我们选择哪些作为切入口，要看问题的带动性；也就是说，要考虑问题的牵动面，看它是否可能带动一系列有意义的研究。所谓“有意义”的研究，可能是老问题，而有新视角、新思路；也可能是新材料、新想法带动出来的新问题。

具体地讲，有关吕惠卿的研究，至少可以牵动三个方面的研究：

一、对于熙宁新法的深入研究

王安石变法，以富国强兵为目标；就新法的基本内容而言，大多属于财政层面的改革。既然如此，学界为什么称之为“政治改革”，而且称王安石为“政治改革家”？我想，其主要原因在于：王安石变法，是北宋历史上对于“祖宗之法”唯一的一次正面冲击（范仲淹主持的庆历新政，是将“祖宗之法”作为改革旗号的）。所谓的“祖宗之法”，实际上就是指赵宋的前代帝王留下的“既定方针”。而支持这次变法的精神号召，是“祖宗不足法”，是要上溯尧舜、三代，“法先王之政”。吕惠卿在经筵与司马光就汉代是否“常守萧何之法不变”的辩论，也正是围绕“本朝之法”是否要变这一方面展开的。此外，王安石去世后，在苏轼替皇帝起草的制词中，说王安石“于期岁之间，靡然变天下之俗”，这使我们看到，在当时人的心目中，即意识到这是一次政治层面、思想文化层面的变革。就其性质而言，它是冲击宋朝建立以来一整套“祖宗法度”的一次重大尝试，有其成功的一面，也有其整体不足甚至失误，有其悲壮的一面。

对于这次变法的功过成败，学界讨论很多，意见也不一致。但无论如何，我们不应该再拘泥于封建式的“君子、小人”二分的道德判断模式。评价历史问题，离不开道德判断，但道德判断不是唯一的标准；要注意“道德”概念丰富而动态的内涵，要警惕落入简单化的窠臼。

对于王安石变法，全盘肯定或者全盘否定都过于简单。我们既要将熙丰时期的改革运动作为一个整体予以认识，又不能将其“一勺烩”，对于性质内容互不相同的各项法度的功用与效果不加区别。对于这一问题的研究要转向深入，我个人以为，需要拓展研究面，特别要注意“中观”层次的论题。例如：

（一）不仅要研究王安石、宋神宗，也要研究变法中的其他核心人物，如吕惠卿、章惇、曾布，还要研究司马光、范纯仁、苏轼等重要人物。

（二）不仅要研究新法的规定，也要研究推行这些法规的方式，包括行政措施和督励手段，研究其实际做法和效果。

（三）不仅要研究某些突出的个人的政治主张，也要研究当时整体性的政治背景，研究士大夫群体对于“治天下”的政治见解，研究他们要求“共定国是”“以道进退”的政治态度。

（四）不仅要研究各派代表人物的政治主张，也要研究其学术思想，如荆公新学、二程的洛学以及吕惠卿等人的学术见解。

（五）不仅要看到改革过程中对立双方的“冰炭不相容”，也要注意双方有着一些共同的目标和弱点。仅就弱点而言，例如，他们都在“君子、小人”的框架下认识问题，区分敌友；都倾向于将正常的认识差异“政治化”“道德化”，以至于“无限上纲”。而不合理地将道德标准过度拔高、涵盖一切，结果恰恰会导致道德实践的虚伪。熙宁时期牵制王安石、吕惠卿等人的力量，并不完全来自“保守派”阵营，也来自内部的恩怨关系与相互倾轧。又如，双方都追求“一道德”，都希望能够在自己的旗帜下“统一思想”。从某种意义上讲，这种共同之处比他们相互之间表面化、公开化的差异更为深刻，更能够反映那一时期士大夫的思路。北宋后期的政治翻覆，正与这种思路相关。

二、对于唐宋时期福建地区的深入研究

近年来，海内外学者对于福建在唐宋之际突飞猛进的发展非常感兴趣，不少学者专门研究这一时期福建士人群体的成长。王安石在回顾往事时写下“福建子”三个字，宋人多认定就是批评吕惠卿。实际上，在王安石的政治生涯中，身边有不少福建人：以“私”言，他的两位女婿是福建人；以“公”言，他曾经与之共同执政的曾公

亮、陈升之、吴充，新法的坚定支持者吕惠卿、章惇，坚决反对者陈襄、郑侠等，都是福建人。事实上还不仅如此，活跃在其前其后的福建人层出不穷。这一批政治人物、文化人物的集中涌现，绝非偶然。宋代的福建处于社会转折的典型时期。正是到了宋代，福建的问题，不再是边缘性的“点”上的问题，而对于中央、对于全国有了直接的牵动意义。研究今天的福建社会，其实也离不开宋代。诸如客家问题、家族制度问题、闽学发展问题，都要溯源于宋代。

三、对于唐宋时期社会变迁的深入研究

从长时段来观察，唐宋时期中国历史上发生着深刻的社会变迁，它给中国历史带来了新的多方面的机遇和挑战。严复先生曾经指出宋代对于现代中国人民族性和世界观的形成，有重大的影响，说“中国所以成为今日现象者，为善为恶姑不具论，而为宋人之所造就，什八九可断言也”，陈寅恪先生也指出：“华夏民族之文化，历数千载之演进，造极于赵宋之世。”有学者认为，在中国传统社会中，儒家文化虽然一直占主导地位，但儒学的传承者知识分子作为一个群体在政事活动中起决定性的作用，只是到了 11 世纪前后的北宋时代。熙丰年间的变法运动，从一定意义上，可以说是在多方面深刻变迁推动下的一次回应。当时的人们如何应对他们所面临

的挑战，其教训，其经验，无疑值得今天的人们从历史的角度予以借鉴。

2001 年 12 月，福州“吕惠卿学术研讨会”

（原载汪征鲁主编：《吕惠卿研究》，题为《关于拓展吕惠卿研究的层面问题》，福建人民出版社，2002 年）

妇女史研究中的史料运用与学术规范

——“历史学与社会性别”研讨班发言

我不是做专题报告，谈点零散的想法，和大家交流。我是学中国古代史的，近两年才开始碰妇女史，跟大家面临的问题都是共同的。妇女史的研究，一种做法是说妇女史以女性为中心，基本上还是传统史学的研究方法，不过把研究的对象、关注的群体换了一部分人。就我个人来讲，我做的妇女史研究非常有限，基本上都是按这个思路来做的。比如，唐代吐鲁番的妇女，宋代苏州地区的妇女，一个特定的区域，一个特定的群体。事实上，从学术发展的角度来看，真正做社会性别史的研究，应该向前推展一步，就是从社会性别的视角出发，在重新解读史料的基础上做全新角度的研究。当然，社会性别的视角也不等于女性中心、女性立场。从妇女研究到社会性别的研究，其中非常明智的地方，是凸显了与自然生理有别的社会性。采用这样一种表述，可以使我们研究的眼界有一种实质的推展和提升。

这些年，随着文化史和社会史研究的崛起，在后结构主义的影响下，学术界对传统的语言、叙述方式在文化意义构成方面所起的复杂作用有一种强烈的敏感，或是说强烈的警觉。这样一种研究，对社会表象背后的关注和解释，对传统史学的路数已经构成了明显的冲击。在这个宾馆，和我们这个会同时举行的，还有南开大学和唐史研究会主办的“中国中古时期社会变迁史”研讨会。今天上午我参加了其中一个组的讨论，最热烈的话题之一就是妇女史研究该怎么搞。大家都纷纷阐述自己的看法。我想，社会性别史的研究，很大程度上受到了社会史和文化史研究路径的影响，又有所不同。就它研究的趋向来讲，和传统史学有显著的区别，它的出发点是批判性的，不宣传一种终极真理，也不崇尚一种绝对权威。正是因为这样的特点，社会性别视角不是唯一的、排他的，不是单一性的选择，这个视角被强调的根本性意义是丰富了我们对历史多元的认识。让我们认识到历史有更多的解读可能，不再存在唯一的最终的权威性解释。这对我们大家的思想都是一种解放，也是一种突破。要把传统史学关注的问题，以及过去没有关注过的问题，放在一种新的视角下来研究。目前我们会碰到很多严肃的挑战，也有相当大的难度。这里谈谈我个人的体会和想法。

一、关于史料

现在做社会性别史的研究，大家关注的论题，比起传统史学有明显的下移趋势——关注底层的女性和社会群体。本来研究中古史，就感到材料匮乏的问题很突出；如果研究特定的社会群体、社会阶层，史料问题会更突出。明清和近代的材料要丰富很多，而中古史的研究首先涉及材料问题。怎样能对精英著作和正史记载予以重新认识，另外还能广泛收集所谓“边缘性”的材料？或是说，怎样对原有材料再认识？怎样发掘新的材料？

从文献资料的体裁来分，可分为很多类别；从文献资料形成的目的来讲，我想不外分为两大类：一类当年写作就是以教化为目的，像正史，官修的、私修的各种史册、会要、通典、地方志等，文人的笔记、传记，家法、家训、女教书……虽然范围不一样，但都是以传布教化为目的。其中也包括碑记、墓志铭等石刻史料（有发掘出土，也有见于文集著录的），也是写给人看，或者用以与神界沟通；墓志铭多有溢美处，人为润饰色彩很强烈，往往宣扬着特定的道德规范。另外一类材料的用途和对象则不一样，可能也会传播，但相对来说，“话语霸权”色彩比较淡。例如敦煌、吐鲁番的出土文书，户籍、契约、诉讼状、交易账目，往来的书札、妇女结社的传帖，随葬的功德疏、衣物疏等等，这些生活中“实用”的文书，或是在官方体系指导下做出来，或是受到时代意识的影响，但没有经过明显的包装，相对真实地反映着社会的面貌。当然，其中也有修饰的成分。例如我们看到的一些户籍，内容似乎不合理，像敦煌、吐鲁番的特定时期 70% ~80% 是女口。这种材料中可能也有伪滥的成分，统计不实，要分析它的背景，观察它是怎样造成的。我想，这样的文书资料，尽管有虚饰的成分在里面，仍然对我们认识当时的社会现实有不可取代的作用。它扭曲了现实，也帮我们认识了现实。它提供了现实生活中的另一个侧面，对于我们观察历史上某个时期的社会状态是有益处的。

根据吐鲁番的出土材料，我写过一篇《六至八世纪的吐鲁番妇女》，副标题是“特别是她们在家庭门户以外的活动”。选这样一个题目，是因为针对中古时期的妇女史，很多学者想到“女正位乎内”，选择做门户以内的题目，我想做另一方面的尝试，看看基层女性事实上的活动空间。我首先接触到的是墓志铭，以及墓葬里的壁画、随葬的俑人、偶像。给人的第一印象是这些女性是不出家户的。墓志铭上有些肤泛的介绍，也有些相对具体的描述，如女性如何与舅姑、妯娌和睦相处，如何教育子嗣，“训女教男，并已成立”，都是家族以内的活动；像墓主人生活图，能看到墓主人理想中的生活环境；也能看到一些劳作女俑、歌舞俑的形象。从这些记载看，女性似乎真是局限在家庭门户以内活动的。而当我们转到另一些资料，像当时的一些户籍、账目、交易契约、诉讼状等，就会看到女性也与外界、与官府打交道；她们有的在外打短工“客作佣力”，有的出面参加诉讼，把某人告上法庭；还有各种各样的契约，有借贷的，有买卖的，有租佃的。从中可以看出这些妇女与外界的交往是多方面的。另外，还有一些典当记录；有大量发生在个人与店铺之间、买卖者之间的小额钱款与货物的交易账目。在长安的交易账目中，我们看到一些下层妇女的活动，这些家庭中应该有男人在家，因为有些记录今天有“李成妇”，下一天又有“李成”。女性在账目中出现的频繁程度，使我们感觉到她们参与经济交易事项的活跃。如果能把眼光放宽些，能从不同类型的史料中得到一些过去我们未曾注意的启发。

我们做历史研究，要求文献、档案与出土资料的互证。1996 年，我参加一个研究项目，到吐鲁番去过。去以前，凡是这个地区的发掘报告我都看了一遍。在看的时候，主观上带着性别视角，对一些问题相当敏感。比如 1986 年发掘的阿斯塔那 386 号墓的报告说，这是男女二人的合葬墓。大家知道，吐鲁番很干燥，木材又少，埋葬时会把夫妻尸体并列，直接放置于墓穴中。男性墓主是高昌地区的一个将军。考古报告中指出，男的是仰面直肢葬，而女的是侧身屈肢，面向男性。在上古时期，仰身直肢葬或侧身屈肢葬都有明确的社会文化背景。吐鲁番的报告很强调这一葬式，我当时觉得挺有意思。到了吐鲁番后，在文物局协助下，把相关墓里所有的原始材料都摆出来了，按发掘前的原始状态复原。这座墓的砖质墓志记载说，男性墓主死时 72 岁，女性墓主死时 99 岁。这位女性很可能佝偻而无法直肢葬，只能屈肢摆进去。这就提醒我们，考古报告、考古发掘物与考古现场需要互证。另外，我们常用的文献档案材料，有着意润饰的，有不曾润饰的，都需要我们认真解读。在解读时对面前的材料一定要经过质证、核实，不能原封不动地用到我们的研究里面。我们所见的各类文字说明都可能有一种潜在的人为解读；假如我们把它作为可依据的“科学”材料直接引用到研究成果里去，实际上可能导致另一个层次的误读。大家有了质疑的想法，在材料的搜集和检验上都可能在原来基础上向前迈出一步。

要补充说明的是，女性的材料是相当分散的。文献材料是这样，考古发掘中也会遇到类似的情形。像吐鲁番地区，在二十世纪初，欧洲考古学家曾经进行了一些发掘。有的材料运到了英国、法国、德国，有一些材料因为运送不便，就散落在沿途，材料尘封多年。另外还有一些，就随意扔在了墓葬里，解放后被新疆文物保管所或新疆博物馆收藏。所以，同一墓葬里的材料经常散落在三四个地方。我们知道仅靠墓志铭不能如实反映妇女的生活情况，我们必须注意搜寻，注意补充材料。比如有一个叫董真英的女性，墓志铭非常简单，基本上没有介绍她的现实生活状况；但在大英博物馆，可以看到她入葬时的功德疏。功德疏中反映出她是个非常虔诚的佛教徒，施舍过什么东西，举办过什么道场，等等。从这里可以推断出她的家庭经济状况及本人的宗教信仰。如果我们将多种功德疏、衣物疏对照来看，还可以看出多种宗教信仰的交叉，以及宗教和世俗比较功利性的追求之间的交叉。这是我说的第一个方面。

二、关于学术规范

西方对女权运动、女性主义的研究有很长的历史。我个人原来对女权主义、女性主义这样一些提法相当抵触；从纯学术的角度出发，我觉得这样的提法政治色彩过于浓厚。最近参加了一些读书班，感觉到真正严肃的学者，本身是受过严格学术训练的学界菁英，他们做女权主义、女性主义研究，怀抱着冲破既有研究框架的学术理念。他们的学术理念和实践，实际上推动了学科建构的认识深化过程。这种做法，对我很有震动。

我们要加强妇女史的学科建设。所谓学科，是学术的分类，也是知识子系统的集合。学科建设不可能一步到位，对我们来说，更重要的是完善一种循序渐进的思考深化和知识体系建构过程。所谓“建设”，是一持续进程，而无所谓“终结”。这个过程对我们来说十分重要，比我们单纯接受一组知识更有意义。这里要警惕一些人为的陷阱，当然也蕴含着很多艰难的摸索。我们做妇女史，教训之一就是不能眼界太窄，一头扎进妇女堆里去；其实，男女两性的社会性别的界定是互为参照的。之所以提出“社会性别”这一概念，也是从这一角度着眼。不管说到中国历史上的性别机制，还是相关的其它机制，都要从“关系”体系中来认识，没有对方，就没有这一方，双方互为塑造，同时被一种机制塑造、规定或再生产出来。从这个意义上讲，我们做妇女史研究，不是很狭窄和拘束的题目，而是整个人类的性别关系史。这个任务是非常沉重的，不是少数人能完成的，需要大家合力推进。

大家都在讲社会性别学说，社会性别学说精神实质之一是批判的，是建立在怀疑质证的基础之上，要颠覆一种旧的认知体系。但对我们来说，更为具体的挑战还来自另一个方面：一方面要怀疑、批判、颠覆；另一方面，怀疑的基础是什么？批判的武器是什么？实际上它要求实证的内容。你有了研究的基础，才真正具备批判、颠覆的意识和能力。这需要深厚的积累和长期的努力，要不断反思，反思别人，也反思自己。这是一个认识不断深化演进的过程，是很高的要求。作为一个学术领域，需要扎实的建设。“建设”这个词有着特殊的意义。我们所有的努力，每一步的艰难和推进，都是整体建设过程的一个组成部分，一步步无限止的迈进。

学科建设中的学术规范，是个重要问题，很多老师的发言让我很受启发。具体的研究往往从学术综述开始。我们经常观察到这样的问题：虽然学界投入的研究人力还不很多，但已经有了相当多的重复，或者说有了相当多的资源浪费。在这里真正有意义、推进学科前进的，不是简单的研究对象挪移，从帝王将相，挪到太后、公主；也不是简单的拼加，以前关注的是政治群体，现在有了华侨史，又有了妇女史，又加上了一个群体。这还不是最重要的，关键是社会性别视角。它应该开启一个新的方面，开启一种新的思路、新的方式，应该有一种实质意义上的突破；而不是说过去做了秋瑾，现在做宋庆龄，虽然内容不一样，却可能从研究方法上完全是一种复制，是一种不断的轮回，这样在学术上很难说有什么实质性的突破意义。

我们所面对的，是严肃的学术事业。要真正有所推进，靠什么来支撑？靠什么保证学术含量和学术品质？靠严格学术规范也许是途径之一。学术规范对我们来说，是一种引导的过程、引导的途径。学术规范是执行的标准、规则，有了这个规范，就能促使我们更加清楚地了解学术前沿，更加有效地表达学术思想、实现学术创新。这是一种必经的途径，是推进学术发展的必要手段。学术规范的问题不仅仅是妇女史学界的问题，应该是国内外学术界共同面临的问题；但作为一个新兴的学术领域，应该奠定一个好的基础；在国内看起来是新兴的领域，在国际上其实已经有了相当的历史、相当的水平。我们不能认为自己刚刚起步，就有理由原谅自己。应该看到国际上这个方向发展到了什么程度，这样我们才有和海外学术界直接对话的可能。

我想，学术规范的问题是一个在目前就应立即提出、大声疾呼的问题。有一种说法觉得，要保护一个新兴学科，不应过分强调某些规范，打击研究者的积极性。我想，我们提得足够早，足够充分，也许是引导积极性和保护积极性的正确办法。说到学术规范，大家都不陌生。虽然大家来自各个行业、各个领域，但在工作中，都涉及基本规范。学术规范问题，不仅是反对抄袭和剽窃，也不仅是注释的格式必须具备哪些条目；我想说的是，如何在我们的心目中首先让学术得到它应有的尊重，得到它应有的地位。在这个前提下来讲规范，这样的规范才能保证学术的发展。既然是规范，就是强制性的，应该通过我们的提倡，争取有一个自我约束。所谓自我约束，就是审视自己的研究目的和研究方式。另外也要靠群体的强制措施，要靠发展一种健康的学术批评。现在国内的学术批评不能说没有，而且比前些年有明显的进步。几天前，一位美国学者问我，有人作了论文报告，你要给它评论，中国学者通常会怎么评？我说，通常先讲一个长段，说他的文章如何好，有什么贡献；再说一个短段，说还应注意什么，在什么方面还有提高的空间——这是我们书评和学术评论中常见的模式。现在，包括我个人，可能仍然延续这样的作法。但近年来，一些严肃的主流学术刊物上，已经有直面对方的、很有锋芒的学术批评。具体的例子，大家可以看《中国社会科学文摘》，最近它有一组学术规范及相关问题的讨论。虽然不是讲“什么是学术规范”，但都正面地回答了问题，可以供我们思考。

学术规范其实是一种训练。国内以前不太强调这方面，学科训练不足。对我们来讲，学术规范既要靠引导，也要靠严格训练和接受训练。我们大家值得坚持努力，包括课堂教学、学术研讨、论文的写作和批评，方方面面共同完成。

如何具备起码的学术规范，我觉得应该把握以下几个层次：

第一，是反映既有的研究。不管是宏观的著述，还是具体的文章，都应该总结反思既有研究的成就和问题。学术是薪火相传的事业，前人的终点，就是接力的起点；寻求自己的起点，必须搞清前人研究的成果达到了什么样的层次。这是首要的。我现在编辑《人大复印报刊资料》宋辽金元的那一本，在选文章时，碰到了很多问题，除了选题意义、篇幅大小、作者覆盖面的考虑以外，什么样的文章可选或不可选？有的老师就提出建议：最简单的办法是，你看他的论文，如果上来就写自己开天辟地、本文怎样怎样，这样的不能选，因为他对前人的研究没有清楚总结或认识。这个说法的确有道理，研究文章里应该充分反映前人的成果。当然，对前人的成果可以质疑、批评，对话可以分散在字里行间，不是非要写在第一段；但无论如何，学术发展到现在，很难再有绝对的空白点。

我们看到很多人的著作，不管是海外的，还是国内的，在前面都有致谢的部分，说明他的研究最初得到了哪个讨论会的帮助，或者是哪位学者给他提出什么建议，一步一步形成后，书稿又经过谁的审核……这不是简单的客气话，这实际上是对个人探索过程的说明，也是对群体努力过程的一种肯定，具有学术史的意义。对读者来说，学术综述和此类致谢给了大家进入这一学科领域的线索：这类问题可能是哪些学者在关注，相关的学术营养可能来自何方。其中反映的是切磋琢磨的关键环节，可以摸索到学术史上循序渐进的过程。

第二，学术规范重点在于学术的推进，要有学术讨论的意识。不能急功近利"攒"文章。前人写过 50 篇秋瑾，再要写第 51 篇，完全可以有立意创新；而即便某个人物没人写过，以前是个空白，现在做出来的东西仍然可能没有新意。关键在于是否提出了新问题，或是回应了以往有价值的讨论。在思考研究方向时，首先应该明确：这篇文章希望提出什么问题？希望回应解决的是什么问题？这就是所谓的"问题意识"。不一定是直接方法论的叙述、形而上的东西，可以是扎扎实实地从具体问题做起。所以，首先要有明确的问题意识，这样才能谈得上解决问题的措施。

我们做研究时，所谓“方法”“路径”或者说解决问题的措施，可能包括两个层次：首先是材料，采用什么样的材料进行研究。这些材料，可能是前人熟悉的、用过的，你有自己新的视角、自己的解读——文化史上这样的成果是非常多的；也许你的材料没有被人碰到过，基本上是新的材料。不管是什么材料，应有实在的依据和解析，在文章中充分体现出来。其次，材料与议题的结合，是成败的关键。个人的问题意识、研究思路、材料的组织方式，是人文研究中个性化的体现，要有明确的表达和充分的阐述。

第三，学术规范确立，要善于质疑。这一方面要靠审稿人，靠彼此之间的讨论和批评；另一方面更要靠自己，审视这个领域内前人已有的成果，同时也审视自己的成果，追问自己这个时候发表这样的文章究竟有什么样的意义，在已有成果的基础上，在学术史、学术思路的演进方面有什么推展。当然不一定是宏观框架上的推进，可能是非常具体的推进。在课堂上，我也曾对学生说：对教科书，包括权威的著作，所有的句号都应当作问号去看，要善于提出问题，提出质疑。对自己的文章，更要如此。所谓“推敲”，就是这样一个质疑斟酌、审慎立论的过程。如果我们持续地集体讨论，可以眼界更宽，丰富我们的研究成果。

说到“规范”，过去我们觉得应有一种标准是客观中立的；现在可能对这样的一种提法有所怀疑，但仍然需要基本的自我规范。尽管我们强调多元化的认识，但并不是相对主义的，不能无是无非、不分高下，还是要有学术识别力、判断力；可能有一种阶段性的标准和评价体系，相对来说是合理可行的。科学和真理都是无限逼近的过程，永远不可能有人宣布自己最终达到了科学的标准；学术发展、规范形成和起作用的方式也是一个过程，在碰撞互动的实践中，逐步形成更为合理的规范，以规范来提高自我。建立规范的过程对我们就是一种制约，一种训练，一种提高的过程。

有学者提出这样的问题：有些题目，七十年代海外学者就已经做过了。到了九十年代，这个学科对我们是刚刚起步，似乎可以由此做起；但是在海外学者看来，你是把他若干年前的东西拣出来，重新做。这种状态对我们提出了更高的要求，我们不仅要关注身边的学者做了什么，还要关注海外的学者做了什么，讨论到什么程度，这样才能在一个较高的学术起点上去进行面对面的对话，而不是自说自话。

目前在这个宾馆里，好像南开的会是主流的，我们是边缘的；其实，边缘和主流没有绝对的划分，主流很可能在另外场合下是边缘的，边缘很可能通过我们脚踏实地的努力进入主流。现在很多学术嗅觉敏锐的学者，已经注意到性别史这样的议题，而且注意到历史学应该对这样的研究有什么样的回应，怎样来看待这样的挑战。所以，我们面临着很好的机遇。

三、关于跨学科

现在我们总是说多学科、跨学科，要借鉴其他学科的方法，意识到互动和交融的必要性。社会性别史的研究，尤其不能局限在某一学科之内。跨学科给我们带来了广阔的前景，也带来了严峻的挑战；如果我们不了解别的学科，不了解别的学科的学术精髓在什么地方，甚至连本学科的学术精髓在什么地方都不知道，只是知道一些皮毛的东西，这样不可能有真正的沟通，也不可能有真正的“跨”。6 月在北京会上讨论，定宜庄老师说到了这样的问题，我们有太多的浮光掠影的话语拼凑。好像这个“话语”成了很时髦的词语，在解构别人的话语时，也在建构一些新的话语。话语的解构和建构，其实背后都是要实证的；经典性、权威性的话语在学术界的奠定，不是一天两天的事情。要解构，要颠覆，更要付出切实的努力。如果我们只是急于建立这样那样的框架，框架在前，而框架里的实质内容填充在后，这种研究滞后的状况，很有可能造成一种学术泡沫，有这样的危险。换一套词汇不能解决实质问题，建构是在研究的过程中进行的，而不应是割裂开来的。

讲跨学科，先要了解本学科，了解它的长短。我们做历史研究，注重“纵”的时序，注重时代变迁，大家都追求“动态”。但这个动态，绝不仅仅体现在分作上古、先秦、两汉、魏晋南北朝、隋唐……这样一段一段似乎就是“动态”了，这不见得。在切割开来的背景下，很可能还是静态的。动态的演进过程是由层次、环节、阶段构成的；如果没有层次，没有环节，没有阶段，就谈不上演进，看不清延续和发展的脉络。妇女史研究也是一样。

大家都感到学术要创新。要创新，就要避免简单、笼统的二元区分和道德评判。现在尽管意识到这类问题，但是从研究内容看仍然有过多的二元区分。比如我们说到妇女的问题，从“横”向的比较来看，“公领域”还是“私领域”，“家门内”还是“家门外”，离不了“公”/“私”，“内”/“外”；说到妇女的地位，就涉及“高”/“低”；说到某个群体在历史上的特定作用，就是“进步”/“落后”；说到一个制度的性质，就是“传统的”/“现代的”……诸如此类，衔接部、过渡带的情况则未予关注。到了今天，从研究认识来说，甚至连男/女的区分也不宜过于绝对化：男女从生理性别上来讲是二元的；之所以讲到社会性别，在很大程度上是突出其社会性、文化性的。在社会性背景之下，男女是在一种相对的关系中认识自我、理解对方、塑造双方的；男女关系、相互地位是不是一定伴随着你升我降、你消我长这种二元对立的演进关系？恐怕并非这么简单。

高彦颐老师曾经说，“跨”学科的问题，涉及学科界限问题。我也觉得，“楚河”“汉界”不应该那么清楚。

过分强调学科特点，有可能造成学科之间人为的隔离；隔离开了，再去“跨”；表面上说是“跨”，实际上反而把一些学科更凝固化、狭隘化了。社会性别史的边缘，我想，应是相对弹性、模糊的边缘，跟很多学科都是相互渗透的。今天上午，一位做考古学的美国教授说，在国外性别考古学是很时髦的。其实，很多方面本来就是你中有我、我中有你的，很难把社会性别研究完全作为独立的个体提出来。在一定的时期，它可能作为一种标帜，一种号召。学科的独立性有它存在的意义，考虑这种合理性的同时，也要考虑整体的发展背景。一个学科的建立，不是靠保护发展起来的，而是靠内在的学问体系，靠汲取营养，同时也靠竞争，在这样一个互动过程里发展起来的。

我们需要艰苦努力。过去学毛选，要立竿见影，经常是穿靴戴帽两层皮。现在有些研究，也是两层皮，列举人类学、社会学、心理学，只在前言和结语里，在论述的章节里没有体现，这是学术上取巧的办法。学术是有层次的演进的过程，我们追求的不是现在立起什么名目来，而是通过我们一步一步扎实的努力，能够真正从实质意义上向前推进。

我想到的学术规范问题，就拉拉杂杂说这些。规范不是万能的。学术发展到现在，研究动机、研究对象是多元的，提高途径当然也是多元的。没有一种具体规范能够适用一切领域、一切地方；但毕竟有一些“普适”

的、公认的学术原则，促使、保证学术含量的提高。像《中国社会科学》《历史研究》这样的刊物，都会有本刊的注释方式，明确强调具体的技术规范，那是最基本的要求。今天我想说的是，学术规范是一种学术境界，是从事学术事业的自觉意识。严格遵守学术规范，对我们个人的学术品质是一种提升，是一种敬业精神，同时也是一种现实的帮助。学术著述的"学术"性，应该通过加强学术规范得以保证，学术内涵应该通过学术规范得以加强。我们应该在这方面做出足够的努力。

（原载杜芳琴主编：《引入社会性别：史学发展新趋势——"历史学与社会性别"读书研讨班专辑》，2000年。有删节修订）

激发学习热情，展现历史魅力

——北京大学教育学院研究生访谈

一、多媒体技术在历史教学中的应用

记者：非常感谢邓老师对我们工作的支持。我听过您讲课，觉得您的语言流畅，表达清晰，基本上没有多余的话。您的 PowerPoint(PPT)课件是比较扼要的，那您在课堂上讲的丰富内容是临场发挥，还是在课下经过了精心的准备？

邓老师：肯定是有准备。我在做 PPT 的时候，其实都是在讲课的脉络里面设计，想着哪些内容要突出，哪些可能学生不容易懂，就要把这些内容呈现出来。PPT 是在一个虚拟的课堂场景下思考着做的，讲得顺畅可能跟这个有关系。我有一个习惯，课程无论讲过多少次，如果明天又上课，今天我就会专心修订课件，在自己的思路里面再过一遍。在这个过程中，经常会有一些内容需要调整，比方说新发现了什么东西，或者有什么新研究，这些都要添加进去；也有一些以前讲过的东西，但讲的时候未能表达清楚，学生没听明白，再讲的时候我就会调整讲授方式。当然，有的时候改动也可能比较大，结构需要重新调整，这个过程往往需要查阅很多研究资料。

记者： 教学这么多年，您应该经历过从写黑板到使用 PPT 的转变，刚开始使用 PPT 的时候您有什么感受吗？

邓老师： 刚当老师那十多年，我还是拿着讲稿写黑板的。2002 年第一次做 PPT，我记得花费的时间非常多，一个学期四个多月，基本是除了上课都在做课件。使用 PPT 讲完第一次课之后，我觉得无论是表述的方式、课堂的节奏，还有学生的反应都与用讲稿时不一样了，彼此还都有点不太适应。之后，我就回想哪些地方讲得比较顺，哪些地方不太顺，原因何在，翻来覆去地改，所以前三四次改动都比较大。

记者： 您能详细讲一下 PPT 跟黑板教学的不同吗？

邓老师： 首先，我觉得 PPT 比较直观，调度的信息量大。历史有两个要素，一个是时间，一个是空间。过去讲到空间的时候，我都要带一个大轴挂图，就是历史地图。但一次课我最多能带一两幅，不可能背一大摞。这样，讲到一个王朝疆域的时候，如果它的后期跟前期很不一样，就难以对各个时期的不同进行比较。如果用

PPT，就很容易将各种不同表现出来，甚至可以把它们叠加起来放在一个界面上，这样更直观。

另外，用PPT讲，课堂节奏要快得多。以前写黑板要占用很多时间；而且，老师在上面抄写史料，学生或者在下面抄，或者坐着等，就容易分散精力。用PPT之后，有学生在网上说现在上课根本没有时间分散精力，必须一直跟着老师的思路和PPT的内容，节奏感和原来很不一样了。

记者：您觉得PPT教学有什么不足之处吗？

邓老师：PPT也的确有它的问题，最明显的一点是PPT很容易让课堂变成读图或看画，好像看走马灯似的。很多老师认为PPT不利于学生思考，就是因为学生的注意力经常集中在各种图像上面。所以，在制作PPT的时候，一方面可能集中大量信息，另一方面我会在那些值得思考的地方，把“思考点”突出地标志出来。这样，学生在课堂上会有抓住重点“反刍”的机会，从而有让各种想法碰撞碰撞的可能性。

PPT还有一个人拽着大家走的那种感觉。当然，有的课程其实节奏稍微快一点好，比如一些本科的课程，就需要讲得紧凑一点，这样学生基本上没有走神的机会。但在读材料的时候，是需要学生去消化的，节奏就不能很快，要让学生有他自己阅读琢磨的空间。这时候就不一定每次都用PPT。

我们的选择应该是调动PPT的优势。在引导学生读书、理解、思考这样的课程里面，我想还是用那种直接接触材料的方式比较切合教学的需要。有时候，我会直接复印一些材料给学生，在课堂上跟学生一起读，这就用不着 PPT 了。要训练学生读材料的能力，就得先让他们多接触原始材料。我不可能拿本宋版书来让学生读，但我复印的材料接近于原始状态，这对于培养学生的阅读感觉是很有利的。人文学科要有对材料的“感觉”，而这种感觉就是通过摸材料“摸”出来的。

二、历史教育教学谈

（一）讲出历史天然的吸引力

记者： 您认为历史教学中有哪些能够吸引人的东西？

邓老师： 过去我曾经在一个中学代课，教的是政治。我发现那里的历史老师竟然能教得让学生不喜欢历史，觉得很奇怪，就有跟她换换，让她教政治我去教历史的冲动。我觉得历史课天然就很能吸引人。小孩儿都是听着故事长大的，故事不就是历史吗？没有不喜欢听故事的孩子。为什么当这些故事连到一起，就变成一个枯燥的学科呢？我特别不能理解。

我觉得，教历史就是要发挥它本来就能吸引人的那一面，以及它厚重的一面。学生的兴趣是多方面的，有的人可能对生活感兴趣，从而很关心古人穿什么衣服，怎么走路；有的人对皇帝、对政治感兴趣，喜欢研究怎么治理天下国家。不管哪方面的兴趣，基本上都可以从历史里面找到相应的材料，或者说，史料都会对你的兴趣有所回应。另外，不管你的兴趣点是什么，历史都是深邃厚重的东西，因为丰富的内涵、悠久的积淀而无比厚重。任何一个民族都有它自己的灵魂，有它自己的根。这种灵魂或根基，就是从这些厚重的东西里面呈现出来的。这些东西都是历史本身浑然天成的特质。

（二）感悟、思考历史

记者： 确实我也觉得高中之前学的历史，就像流水账一样枯燥无味。“中国古代史”是历史系本科生的基础课，在教学中您是如何培养学生对历史的感觉和兴趣的呢？

邓老师： 北大基本上是一个研究型大学，所以像“中国古代史”这种主干基础课，还是要引导学生往学术创新的路上走。首先不能把历史弄成死记硬背的东西，历史学是一个需要感悟的学科。历史实际上有其自身的延展脉络，我觉得最重要的也是要培养学生的历史脉络感。我们虽然是一段一段的讲历史，但最终目标却不是把历史切成一块一块的豆腐块，然后让学生抱着一堆“积木”回去。所以，讲完一章或者一个段落之后，应该让大家回过头去想一想。历史上有延续有变革，我们要知道哪些因素对历史的演进和变迁发生了影响，为什么会这样；前期的制度调整或再创了，是来自什么推动力，对后期有什么影响。历史有不同的侧面，不同的提法凸显出来的内容可能是不一样的。比如说到武则天，我们会说她是中国历史上唯一的女皇帝，现在的女性研究者也很为之自豪。但是，女皇帝是否就意味着女性政治？武则天有没有可能突破当时整体的秩序框架？我觉得，如果武则天当年有办法的话，她一定会把她的性别改掉。一个事实上并不愿意接受自己女性身份的女皇帝，如何能实现真正的女性政治？我们要让学生从不同的角度来思考一些常见的历史问题。

历史学就是要用史料来说明问题，但光有史料也不行，要有逻辑的贯穿，要有问题意识的统领。这些年发现了很多新的史料，比如新出土的简牍帛书，这些材料如何解读，进一步还原历史，都有内在的逻辑性。这些新的考古发现会引领新的认识，要及时介绍给学生，让他们知道学术前沿的情况，也培养历史思维的能力。

学术前沿，一类是新的材料，还有一类就是新的学术研究，包括学界的论文和专著。这些内容都很多，如果让学生自己去看的话，不啻于“知识爆炸”，想把握住很难。我们要向学生介绍哪些是应该优先阅读的学术精华。我介绍的可能是数十年以前的经典，也可能是这些年的新成就。对于学界的新观点，应该提醒学生思考：新研究为什么会得出新的认识，是因为有新材料，还是因为有新的思考角度呢？

对于同一个问题，这位先生这样认识，那位先生那样认识，要启发学生思考其中的异同。文科实验班的讨论课上，我曾经让学生按照他们不同的观点分组，让他们充分准备之后，各抒己见。学生自愿报名分为AB组，讨论时此起彼伏，非常踊跃，几乎无法下课。有一些东西阐发得很深，正常上课不可能讲到的细致内容都提出来了。可以看出，同学们在课下看了很多东西，真正动了脑筋。他们提出来的问题，有一些比较简单，我就会提醒他们到什么地方去找工具书、查资料，自己去寻找答案；有的问题我会肯定，说提得不错，但还要进一步让大家讨论应该如何解释。我想，所谓的创新能力首先是提问题的能力，通过不断的追问，就能把比较表层的问题通过逻辑的延伸进行深化，这其实就是创新的前提。

（三）交互式的教学策略

记者：这样的讨论课每学期一般会有几次？这么多学生，如何组织？

邓老师：一个学期大约有十六周课，历史系“中国古代史（下）”课堂讨论会有三次，前两次是分组讨论，最后一次是大班讨论，这都是为了鼓励学生交流他们的学习成果。我觉得，在教学过程中要自始至终都让学生有参与感，自始至终让他们感觉到自己能力的提升，保持对历史的兴趣，从而逐渐培养起一种自信。出于这样的考虑，会把学生分成几组，10来个人一组，让我的几位研究生各带一组，每周课后我会专门抽出时间，各组轮流，分别进行讨论答疑。我也说明，不点名，不提问，不测验，就是自由讨论，自愿参加。我们研究中心有个电脑室，每周五下午都有一组学生到这里来，除非我恰好有事，否则都会参与他们的讨论。绝大多数学生都会来，有的学生积极性很高，次次都来。大班讨论不容易开展，因为50多个学生只有100分钟的时间；我和张帆老师通常会请学生分组总结汇报，他们会集体创作，集体“登台”，宣讲论文、编演小品、制作课件……精彩纷呈。

记者：每个组带头的研究生都是正式的助教吗？

邓老师：按学校规定，80个人的课只设一个助教，所以就请我的研究生来帮忙了。

记者：您是如何对学生进行考核的呢？

邓老师：考试有开卷和闭卷两种形式。开卷考试也包括小组讨论、集体汇报，有时候我也让学生写缩写、述评，训练他们的阅读理解及写作能力；期末考试是闭卷，占一半的分数。课堂上的听讲，他们的思考、表述、集体合作，都有一个机会能够呈现，整个呈现的结果便构成他们这个学期的分数。这个分数应该是学生综合能力和各种努力的结果。

整个教学过程，我都力求交互性，努力调度学生的积极性。比如，基础课上会让学生替老师出一套考卷，学生会觉得很有自主性。在出考卷的过程中，为了把握重点，他们会把这个学期学过的内容认真梳理一遍。

记者： *您让学生出的考题，会在考试时采用吗？*

邓老师： 一般不会，更主要的是一种学术训练方法，因为“聪明的学生会做题，智慧的学生会出题”，这是调动自主性、“换位思考”的一种培养方式。2008 年我在台湾成功大学教书，有一个学生出的考卷竟然有图文并茂的 12 页纸，他真是特别有兴趣，特别下功夫。即便重点不很突出，也有效消化了教学内容。学生出考卷的时候，我都跟学生说不用写答案，只要问题清楚就可以；但每次都有学生写出答案，因为出了这题以后，意犹未尽，非写出答案来不可。这不但体现出学生浓厚的兴趣，也让我了解在学生心目中，什么内容是重要的。

（四）培养学生处理材料的能力

记者： *您觉得历史系的学生哪方面能力最重要？*

邓老师： 可能是处理材料的能力。一年级的时候我们会让学生对一些学术经典进行缩写，如果原著是三十万字，要用三千字把它写出来。这就要有一个把握的功夫，必须真正理解了那三十万字，才能写出这三千字来。专题课上，我可能会让学生写综述，若干著述都讲这个问题，学者分别是怎么研究的，各自的长短是什么，如果你研究这个问题你会怎么办？这样就又往前走了一步。到三年级的时候，学生就要写学年论文，用五千至八千字写一篇小论文，这就是综合能力训练了。四年级会有毕业论文，学术上的要求更高一些，也是对四年的知识与能力的一种总结。

历史系大概有一半学生继续读研究生，另一半就投入到各行各业之中了。历史学训练的处理材料、提炼论点的能力，不光是学术研究的基础，也是工作能力的体现。你去当秘书，要找材料、处理材料；你当领导，也得大量审阅、处理材料——很多工作实质上都是处理材料，通过材料发现问题。当然从历史中也能学到许多经验和思维方法，所以我觉得历史系的学生干实际工作还是很有优势的。我自己的学生，不仅有当教师的，也有搞新闻出版的、做公务员的、当秘书的、办实业的，干什么的都有，各行各业都有非常出色的。

（五）关于通选课教学

记者：您的“中国古代政治与文化”是全校通选课，在教学上与专业基础课有什么不同吗？

邓老师：这门课是阎步克老师和我共同开设的。学生来自全校不同的院系，所以也是一个多学科互动的平台。我记得在一次讨论课上，学生联系阎老师讲过的内容，说魏晋南北朝的士大夫喜欢吃“寒食散”，这是当时士人的集体时尚；一个化学系的学生用 PPT 演示了“寒食散”的配方，列出了化学分子式，并解释其中的哪些成分能给人带来快感。大家都觉得非常有趣。

另外，各个系科的学生考虑问题的角度不一样，他们都会从本学科的角度出发，提出很多质疑。比如，我在课堂上讲到唐代的律令格式、法典体系，会讲到当时如何把儒家的原则引入到法家的体系里面来。这时候，法律系的学生会谈到他们对这个问题的不同理解。因为政治文化涉及很多方面，有时候我会说到理学、道学的问题，哲学系的学生就会讲他们专业的老师是怎么讲解理学的。这样，学生的意见就从不同的角度丰富了我的理解，在下一次讲的时候，我可能会考虑他们的认识角度，并适当调整讲课的内容。

（六）大学历史教育的意见与建议

记者：您对我们当下的历史教育，以及学科建设方面有什么意见吗？

邓老师：我觉得学校的教学体制还是有很大的改革空间。现在都说要建设世界一流大学，要跟国际接轨，我觉得最重要的接轨是体制运行方式的接轨。学校行政化的问题还是严重地影响了各个学科的健全发展，并在一定程度上扭曲了学术的判断标准。

在这个接轨的过程中，要注意兴利除弊，我们既有的优势要考虑怎么发扬。在中国古代史领域，我们是经过艰苦的努力才得到世界承认。在 80 年代的时候，美国人想学中国古代史，都是去日本或是台湾地区，没有人到大陆来，即便来也是找材料而已。这些年就不一样了，有一些对话的议题是我们首先提出来的，我们的一些研究方向也牵动着世界性的研究，这些都是很难得的。北大具有世界优势的学科并不是很多，不该任其自生自灭，但学校似乎缺乏相关意识，没有针对性的支持措施。

具体教学上，要想进一步提高质量，应该建立合理的课程与教师评价体系。现在的教师，教学课时有要求，质量却因人而异，某种程度上说，只是凭良心做事。研究型大学，应该提倡更有针对性的“小班教学”。即便小班教学保证不了，小班讨论总可以吧？但像前面提到的，80 人的课堂只设一个助教，而且连讨论的教学场地也难找，结果就是鼓励照本宣科、应付式的教学。

另外，在学生培养方法上还有很多可改进的地方。国内大学教育的针对性不够，视野也不够，不利于引导学生、充分发挥其特长。国外研究生会有不同的 fields，一个做中国史的学生，一定要有历史以外的第二研究领域，他可以学社会学、人类学、政治学等专业，这样学术视野会比较开阔。其实我们也很想朝这个方向努力，但这不是一个系能做起来的，必须通过学校层面的协调，才能打通系科之间的壁垒。

三、历史与大众

记者：大众历史知识的来源往往不是客观的学术研究，而是历史小说之类的东西。比如对于三国，人们熟悉的不是《三国志》而是《三国演义》。您对公众的历史教育问题有什么看法？

邓老师：我觉得受过历史学学术训练的人要积极介

入大众历史、大众史学，而不能自以为是地保持清高、不掺和，不掺和就是把阵地让给别人了。以前可能会觉得做大众史学是在自贬身价，我觉得应该改变这样一种观念。台湾有些老师就专门做这种大众史学，做史学的普及教育，并且也是一流的学者。但是大陆现在还没有这样一个成型的圈子。

记者：那您觉得公众有一种错误的历史观念对社会有不良影响吗？学术界有没有这种必要去纠正这种大众对历史的错误理解？

邓老师：是有责任的。当然，有一些细枝末节上的错误都不太要紧，他知道也好，不知道也好，或者理解错了也好，都没有太大的关系；但有一些问题是比较重要的，这就需要有一个正确的把握。我没看过《百家讲坛》，很多人都跟我抱怨说宋史讲得太不像话，不顾一些史学基本原则而出格了。专业的历史学研究者要有责任感，如果口才不错，还是值得去做这种事情的，我也一直鼓励同事去参与这种工作。

记者：好，我们的采访就到这里，再次感谢邓老师！

采访记者：郭九苓，申超

采访时间：2010年12月24日，下午4：30－6：00

文字编辑：王玉彬，郭九苓

谈“成长”与“长成”

——“教授茶座”对话录

邓小南：其实上半年我就注意到第一期“教授茶座”活动，看到同学们与王恩哥校长的对话。首先，我觉得对话这种形式挺好的，对话能激活彼此之间的想法，我们很多先贤哲人的思想和智慧都是通过对话记录下来的。大家熟悉的《论语》《朱子语类》等都是对话形式的经典。对话这种形式比较活泼，现场感强，有一种直接的互动。我感觉自己面对的许多问题，都是通过对话发现的，也通过对话去回应。其次，为什么选择这个题目：多年来和同学们在一起，一直徘徊在脑子里面的问题就是“从成长走向长成”；本来还想到一个副标题，就是“充满探索的过程”，后来觉得这样有些啰嗦，所以就把副标题去掉了。

我跟大家成长的年代很不一样，我是 1950 年出生的。我的一些同龄人说，我们是共和国培养得最成功的一代，生在新中国，长在红旗下。我初中就读于北大附中。1966年“文革”开始后，整个社会面临着动荡，刚刚步入青年时代，就遭受了天翻地覆式的心灵压迫，跌宕、起伏、波折，这种体验一直伴随着我们这些人的成长过程。

我18岁去黑龙江，在北大荒待了将近十年，一生中最好的青春时期。现在大家看知青回忆录，都知道当时是“文革”期间，国家民族都经历着严重的历史曲折。我去了著名的垦荒地雁窝岛，前面几年当农工，后来在边疆农村的小学校做民办教师，盖房子的土坯是自己脱的，苫屋顶的茅草是自己割的。在那里接触到很多孩子，也慢慢感觉到自己的成熟和孩子们的成长。“文革”之后，我们陆续离开边疆的时候，当地的老职工说，如果没有你们，我们的孩子现在都还不知道要走出去。这样的一些过程，会让我们感觉到，在自己受到波折和压抑的时候，只要你自己努力去做了在那种环境中自己能做的事情，其实对于那时的社会，特别是对于那些边远地区，对于那些没有见过铁路和火车的孩子，还是很有意义的。从那时候开始，我觉得一方面自己是“成长”过程直接的参与者和体验者，另一方面我也是孩子们成长经历的观察者和促进者。

我1978年才考大学，那时候我已经28岁了。从北大荒回来到我考大学，中间空了一年，就是人们说的待业。我待业的那年，在172中也就是人大附中代课，接触过一些中学生。1985年研究生毕业后，又留在北大任教。作为老师，我的经历算比较完整，接触过小学、中学、大学的孩子。就每一个人来说，在成长过程中有不同的体验，每个人的背景不一样，资质不一样，兴趣不一样，目标不一样，体验是非常不同的，但是成长中的问题可能是共同的。

人生中有无尽的挣扎，挣扎实际上也是一种探索，这种挣扎与我们的成长相生相随。成长就是不断地丰富自己，有痛苦，也有成功的愉快；在这一过程中，不断往前摸索，不断积累。

所谓“长成”，比成长更复杂，它没有一个终点。长成是一个个节点构成的，是过程性的，“止于至善”，没有终止点。这是我想说的第一层意思。另外，长成没有一个统一的标准，没有一个界限。在成长的过程中，每一步你都会体悟到点滴式的长成。长成，某种程度上是一种内心的自我体验，人格独立，心境通达；它会有外在的呈现方式，但是表现方式不可能千人一面。大家各有特点，比如周到、果决、开朗、沉稳，可能都是成熟的表现，也可以说都是逐渐“长成”的标志。我想强调，从成长到长成是一个自然的过程，其中肯定会伴随着一定的痛苦、磨砺。我们现在常说陶冶情操，“陶冶”是什么意思？“陶”是制陶，烧制塑造；“冶”是冶炼熔铸，哪个过程都不轻松。我们学业中切磋琢磨，“如切如磋，如琢如磨”，哪个动作都不容易。但是这个过程中也都伴随着喜悦，和我们起步阶段已经不一样了，所以这个过程是节点式的、探索的、推进的过程。

个人经历与选择

学生：您选择历史是因为受到父亲的影响吗？您对历史研究的感受是怎样的？

邓小南：这是一个有意思的问题，而且经常被提出来。我2006年出过一本书，今年三联书店重新出版了。这本书是写北宋的《祖宗之法》，我在书的后记里说：“作为父亲的女儿，我在学业上不曾使他满意，而且这样的感觉一直啮噬着我的心。”出版后我送给周围的老师，其中有一位上海师大的老师，她的先生是做实业的，他看了个头看了个尾，看完后，说“名人的女儿真不好当”。我很怕别人说我“家学渊源”，我怕这样连累了我父亲。其实我觉得我和父亲隔着一代人，因为我父亲44岁才有了我，我上大学又特别晚，那时他已经不教课，真正教我的是他的学生。解放以后，父亲的背景比较特别，他曾经是胡适校长不在编的秘书，也长期被批判为“白专”。我的同事刘浦江老师，写了我父亲的百年回顾。他说历史学者50岁到70岁学术创造能力最强，但是我父亲在那期间却没有发表什么文章。我想这种情况跟那个时代有直接的关系。我父亲从来没有刻意培养我对于历史学科的兴趣。他可能是觉得学人文的与当时社会的导向关联太紧密。在我小的时候，印象中父亲和母亲希望我做医生，可以帮人助己。我上中学的时候，自己是想做文学家，写小说，这大概跟当时语文老师的鼓励有关。下乡以后，我发现写小说需要有浪漫细腻的情感，而我并不擅长，于是就放弃了。

我对历史的选择不能说没有从小耳濡目染的因素，因为家里的藏书和周围的话题都和这一方向有关。但是这个愿望不是从小着意培养的。我们这一代人在当年选择的余地非常有限，命运似乎是被规定，而不是能自主的。我报考大学时，因为没学过高中数理化，只能选择文科。当时报了北大两个专业，中国史和中文系的语言专业，觉得这两个专业离时代、离政治比较远，后来抱着这样的想法又选择了古代史。1977 级和 1978 级学生来源比较特殊，班里有很多强者。后来上研究生的时候选研究方向，我选择了宋史，原因之一是当时关注宋代历史的人不多，不是热门，竞争者少。

硕士期间，我主要做制度史，做宋代文官的考核制度，写了硕士论文。90 年代之后，受到“新史学”的推动，关注社会生活，所以又和台湾学者一起做过家族史的研究。大致与此同时，妇女史的话题渐渐兴起，于是又做了一些相关研究，包括开设课程、指导学生。历史问题不是隔绝的，表面看各是一个板块，或者说各成研究单元，其实是相互连通的，包括社会史、思想史对于官僚制度运作方式以及当时观念的影响，方方面面都是有内在关系的。基于这样一种认识，再回到制度史，转过头来观察，感受是不一样的。我后来写过一篇文章《走向“活”的制度史》，希望历史学研究能够突破一些界限，变得鲜活起来。

学生：我想问一下关于人生道路选择问题。因为我们毕业以后要有三年的工作经验，然后返回校园再来就读，我的那些同学毕业以后想选择的道路和我所想的有很大的差别。从历史的角度，有没有什么方法能够预判哪一个是正确的道路？

邓小南：我觉得历史学的长处在于反思，学科的目标不在于预判，但反思可以说是预判的一种基础。我觉得，在冷静思考的基础上，选择还是要尊重自己内心的情感，就是你喜欢什么，你做什么事情的时候自己比较有激情，觉得比较有挑战感。这其实是因人而异的，很多时候真的很难说，比如说有的人选择这条路对他而言是最合适的，但是对于看上去差不多背景的另外一个人，就不一定是最好的选择。这里面有成长环境的关系，每个人都承载着不同的期待，也有来自家里的负担等等；另一方面，又有自己内心的兴趣和追求。我觉得，在两者之间的选择往往是有挣扎的，会有选择的痛苦。人生是由一些“节点”联结起来的。节点上的选择也就是路径的选择，每一天我们都会面临选择；但关系一生的关键选择可能只有几处，你的这一选择可能关系到你将来的若干年。当然这些选择也不是不能回头的，有些选择你当时觉得激情满满，但是过了两年之后你发现其实并不适合，可以再走回来。我觉得这也不完全是一种失败，如果你能从这些经历中汲取到人生的阅历和经验，那么这种所谓的弯路也只是人生的一种螺旋上升而已，不必为此而沮丧。

我们这代人年轻的时候几乎没有选择的可能性。我在北大荒待了近十年，有很多的痛苦和不如意，当然坎坷与周折也让我增加了阅历。今天有机会选择，是历史的进步。选择要慎重，要考虑到各种各样的因素。在理想条件下，首先要尊重自己内心的选择。但有的时候你也不得不面对周围的环境，妥协中的坚持也是你完整人生中的一部分。

从“成长”走向“长成”，里面是有一份担当、一份责任感的。担当并不永远都是非常愉快的，有的时候甚至是很沉重的。但是只要你敢于担当这份责任，将来你回过头去看，你会发现一切都是值得的。我经常感觉到一种挣扎，一种矛盾，一种纠结，但是我知道，正是这种矛盾和纠结，使我们不断成长，让我们的生命变得有意义。

学生：王安石的变法最后没有能完成他最初的想法，他也做出了妥协，我觉得挺悲哀的。我从小也是被家长安排，上大学也是，对我自己来说也是一种妥协。我想问一下您的看法。

邓小南：其实，北大给我们提供很好的环境和条件，今天的学习经历也给我们提供了广阔的平台。你要知道，你的经历能够带给你什么样的优势，然后在这样的基础上根据自己的理想去选择。

换个角度说，很多时候理想也不是一成不变的，它会有调整，会随着时间流逝而变化。就算在一个时期里面，你的理想和愿望不能实现，那么你也可以将它们记在心里，寻求机会争取实现。比如说你在法学院读书，假如你想学经济，你可以往经济法方面走，你可以去做法官、律师、研究者，可以寻求“板块”的交汇处。有时候要根据自己的情况和现实发现自己的优势。你上过法学院，就跟你没上法学院以前不一样了，现在学习的内容会构成实在的积累和优势，这些优势会成为日后选择的出发点，有助于提升将来选择的高度。

即便像王安石这样意志力强韧的人，他的理想也没能实现。但他朝向一个目标持续努力，不能说无所推进。他希望能“变风俗，立法度”，这是高远的目标；还有一些具体做法，比如说解决农民的疾苦，怎么让农民乐于务农，等等实际问题。我们可以看到其中有些法度，在一定程度上有所成功。退休之后，他会读书，抄录佛经，会和苏轼这样的人谈天说地，讨论诗词。王安石是一个眼界高远的人，而高远是有层次的。一方面是有一个终极的理念，另一方面有一些阶段性的目标。他的一些阶段性的目标部分实现了，这也是他的追求和精神的寄托。所以，我想我们要从更积极的方面去看，现在打下的基础让你变得成熟。下面就是要在这样的基础上往前走，今天会为将来提供一个阶梯式的平台。

史学研究与人文推广

学生：现今很少见到学者出版一些通史类的著作，研究的领域大都是一些在外人看来很细枝末节的东西。我觉得可能再过五十年、一百年，史料也都是一定的，形成一种新观点、新角度也是需要一定时间的。如果再过五十年、一百年，在那个时候还有什么要研究的？出现新的国学大师、史学大师，应该具有一些什么样的素质呢？还有就是对于中国史研究，尤其是中国古代史的研究，在海外和在国内各自的优势和劣势是什么？

邓小南：首先，历史研究肯定是没有穷尽的。我觉得历史研究有不同的关怀、不同的层次，一方面是有一些具体的人物、具体的事件，就是像你刚才说的，有一些问题确实是研究者众多，可是仍然会有一些重要的内容没有得到充分关注。另外一些研究不是仅限制在具体人物、具体事件，可能是对于历史脉络、历史观的研究；我们怎样看待特定的问题，怎样形成合理的研究范式。即便对某一具体事件，研究路径也会不同。以甲午海战为例，海战本身其实没有持续多少天，但是对这个事件的讨论研究已经持续了百余年，到现在也还没有画上最终的句号，还是会继续研究下去。随着对于材料的不断发掘和细致分析，加上思考视野的开阔，会有不同的研究角度，会有新的研究成果出现。

另外一点，我觉得历史研究非常重要的一点是要反思。历史学是一个特殊的学科——当然所有的学科都是特别的，都有它自己的特质。历史学的特质我觉得就在于它长于反思。反思什么呢？它反思某些事件、某些人物乃至一个民族、一个国家的发展路径，让我们从中有所体悟。如果历史学走不到这一步，仅仅停留在个别人、个别事件身上，那么历史学就失去了重要的意义。人物与事件的考订、叙述和评价不是没有意义，但是“意义”不能止步于此。国家、民族的发展路径是一个根本性的问题，需要眼光，需要智慧。回应现实，展望未来，我们要认识时代的纵深，不能满足于扁平表浅。我们不能什么都靠回头去看；可是观察走过的路，相对来说让我们变得更聪明一点。过去的弯路不要总是重复，过去有许多悲剧不要一次次重演，至少我们要学得聪明起来。而怎样才能做到“聪明”起来，是要靠严肃反思的。

过去我们常讲比较宏大的规律，比如说百川归海，河流总是要流向大海的。但是归向大海的路径明显是不尽相同的。在人类历史上，路径往往是可选择的。比如说，王安石熙宁变法之前二十五年，有范仲淹主持的变法，庆历新政。这两个人物我们都知道，他们所处的时代差不多，观察到的问题也差不多，但是他们的改革方针和切入路径是非常不一样的。我们现在也是，要问我们社会上存在什么问题，大家看到的基本差不多；但是要怎么解决，想法会非常不一样。我觉得历史学所能提供的智慧不是那种一对一的锦囊妙计，不是直截了当的答案；它提供的是一种冷静分析的能力、一种洞察的睿智，一种少走弯路至少是不重复过去弯路的能力。历史的反思让我们个人，让我们的国家、民族变得更为成熟。从这个意义来说，我觉得历史学的追求是没有穷尽的。

我们要把历史的视野放开。刚才你说到用来研究的历史材料都用得差不多了，其实现在新的材料也还不断出来；至于大家熟知的那些“老”材料，在有了新观点之后也可能又成了新材料。好多材料我们都是读过好多遍的，但是我们过去没那个探寻意识，相关材料就没被“激活”。现在脑子里有了新问题的刺激，有了这样一种意识，回过头去看，这个材料才活了，才凸显出它本来的内在的含义。现在考古学、古文字学、民族学，甚至自然科学的发展，都为历史学提供了很多新的材料；社会科学也提供了许多思想理论的借鉴。你们这一代人的语言能力比我们那一代强，驾驭各种民族语言、把握域外材料、解读各类文本的能力也就比较强了，很多过去利用不了的材料现在变成可利用的材料了。所以说这一过程是没有穷尽的。

另外，说到国内的训练和国外的训练，我觉得各有所长。我们和海外学术的成长背景不一样，各个学科发育的时代、学科的背景都很不同，有一些传统的优势学科，也有一些相对弱势的学科。现在我的学生凡是要学社会文化史的、学女性史的、学民间宗教的，我都鼓励他们出国去读博士，因为这些学科在国内相对来说没有形成完整的训练体系。但是如果你是要做中国古代政治史或者是官僚制度史，我们是有一定优势的。

总之，这个问题也是因人而异，要根据你自己的兴趣、根据学科的相对优势来做选择。我个人觉得，哪怕你是国内优势学科培养起来的博士，也应该找机会出去，从整体思路和研究格局上可以开阔视野。建设一个交流的平台，养成一种交流的习惯、对话的习惯，是非常重要的。许多新的探索，新的议题，都是从对话开始的。对话会激活许多思想。我们要知道我们在做些什么，别人在做些什么。如果做的是类似的问题，我们是怎么做的，他们是怎么做的，异质的训练方式为我们彼此带来了什么。从这样的意义来讲，有一段“走出去”的经历应该说是有帮助的。尽管我们国内的训练也有长处，但整体上看海外一流大学的学科分布比较完备，社会科学与人文学科的综合训练比较全面，批判思维比较充分，有循序渐进的培养方式，有各个阶段不同的规范和标准，这些方面应该说是比较成熟的。

学生：我是中文系的学生，一直都有去受史学训练的这种想法，所以我博士的阶段是想要读历史的，而且我就是想去海外读历史，想去海外读古代史，我在本科、硕士阶段都读中文，没有受过正规的史学训练，到博士阶段已经缺失了前面的那些训练，直接从博士开始读历史会不会太晚了？

邓小南：我上学期在哈佛教授的课程，其实是一个纯历史的制度史课程，但来上课的有学法律的、学宗教的和学文学的，而且学文学的最多。我觉得学习没有所谓的太晚，至少不是一个大问题。重要的是你要善于把握自己的方向，你要知道自己的优势、劣势在什么地方。国外的选课是相当灵活的，专业方向也不像我们这么严格。比如说在美国，很多跟中国古代研究有关的内容都在东亚系，文学、史学都有。每个博士生都有一个指导小组，这个指导小组里会有做史学的、做文学的老师，可能还有做经济学或是政治学的教授。这样一个学生得到的指导就不是来自单一学科，正因为这样，学科背景问题不是那么突出。很多东西都是可以融通的，而且融通也是受到鼓励的。你要把握住你自己的方向，要知道史学的训练和其他学科的训练是不一样的，各个学科都有不同的学术背景。但是这种不同是互补式的，不是隔绝式的。要知道彼此之间的优势在什么地方，问题可能出现在什么地方。有这样的一种意识，我想不至于有让你特别痛苦的障碍。

学生：您觉得如何扩大人文学科的影响力，让研究成果被更多人读、被更多人了解？

邓小南：我们现在会说到人文学者需要有什么样的关怀和素质，其实最重要的是有人文情怀、天下情怀。

人文学科和其他学科显著的不同在于，我们是从小就受到人文的滋养和感染的。可能小时候爸爸妈妈给你讲故事，更大一点，你自己读书，人文的滋养无所不在，不纯粹由一个学科推动。就人文学者来说，大家都有一种情怀，不论在任何时期——安定的还是动荡的时期，都关切国家民族命运，古往今来，都会有人为此而致力于研究。以朱熹为例，我们过去批判理学家，认为他们的研究束之高阁，不联系当时的实际生活，其实当时朱熹和他的追随者们非常关心时政，也做了不少“小学”读物，把理念渗透到启蒙教材当中。我们现在说到的《三字经》，就是当年孩子的启蒙教材——当然它里面所有的内容是否都适用于启蒙，这是另一个话题，但至少当时他们在努力把自己的理念变成一些朗朗上口的、孩子容易接受的内容。

我们人文学者要有严肃的研究与著作，有课堂里深入的讲授，这是学术圈里具有核心意义的工作；与此同时，面向大众的宣传普及也是有必要推进的。我们需要有更多真正的学者来参与这样的工作，包括一些严肃活泼的电视节目。可以先从纪录片开始，现在电视纪录片受众很多，传播很多的人文知识。另外现在有越来越多其它的传播方式，像网络、微信平台。我觉得人文学者应该了解大众的追求，引导大众文化的趋势。让纯学术的东西走出象牙塔，使之成为能够分享的东西，成为活在大众之中的“精华”。

古往今来的女性

学生：现在的学术界，不管是历史还是哲学，社科还是人文，女性学者的比例都比男性少很多。女性和男性的思维方式确实是不同的，并且现在我们面临着比您当时更多的选择，做学术的概率更小。在您看来，现代女性学术研究的困难有哪些？

邓小南：女性做学术确实很不容易。像我自己参加各种委员会或评审工作，经常遇到这样的情况：屋子里二三十位老师只有我一个女性，其他都是男老师。女性做学术的困难来自很多方面。一个当然是社会的整体环境对女性来说不是太公平；另外还有生理上的因素，女性完整的一生应该有孩子，她们还需要带孩子，这是母亲应该担当的责任，这些肯定会影响投入学术的精力和时间。另外，从社会性别的研究角度来看，性别并不纯粹是生理性的，社会性的一面是塑造出来的，比方从小就有人告诉你一个女孩子应该怎么样，女孩们就按照这种期待去成长，往往是学习成绩好，但除了学习以外，对周边事物的兴趣和追求的动力，也许就没有那么强。原本男女素质没有那么大的差别，但是渐渐地一些被引导了，一些被消磨了。

个人的问题不是单纯个人的，女性的问题也不是单纯女性的。女性的独立性问题，要在大的框架下认识。

马克思认为女性解放程度是衡量社会普遍解放的天然尺度。所谓“独立”，主要是拥有自由的精神和事业上自我选择的机会。如果选择走学术道路，女生要有自觉，知道长处与弱点何在，真正发挥自己的长处。弱点不是绝对的，每个人都要发掘潜力，而潜力就要从有差距的地方发掘，意识到差距就孕育着开掘潜力的可能性。女性在学术中不一定是弱势的，女性有女性的长处。比如说，女学生或女学者，一般来说处理问题比较细致，善于发现生活中的细节；而学术上呢，很多东西都是要从细节开始的，关注细节、把握分寸的能力十分重要。有些学术成果的高下之分就在于细节打造得怎么样、分寸感如何。女性相对敏感，处理问题比较有分寸，学术追求上有韧性，这都是女性通常的长处。女性在学术领域里要有更为清醒的认识，要找准自己的位置。就我个人的感觉来说，不一定女性做出来的东西就是拘谨、小气的，有很多女性学者做出来的东西是很大气的，是有开阔格局的。你要意识到自己该往什么方向走，应该有一些楷模，或者是心中追求的高水准的范式，把这些不断丰富到你个人的知识库、能力库里面，变成你个人的有机组成部分。实际上到了这个境界，也就不分男女了，也就无所谓男性强还是女性强。

2011 年我在法国高等社会科学研究院见过一位女性的研究中心主任。她跟我说现在研究人员中女性已经越来越多了。她怎么认识这个问题呢？她觉得可能是一种性别偏移。她认为女性活动的余地小，倾向于选择比较稳定的工作。而男性呢，好像不太受到家庭的牵累，所以想干什么都可以，有一些男性就不甘于默默无闻地待在一个研究机构里。这可能是原因之一。但是我想，不管出于什么样的原因，这样的情况也从一个角度证明，女性在学术领域里不见得总是弱势的。你要意识到可能的问题会来自什么方面，对这些挑战要有自己应对的方式，这应该不是一个根本性的障碍。

独立与自由的光辉

学生：您父亲和胡适先生颇有渊源，那么在您心中胡适先生是一个怎样的人呢？或者您可以分享几个有关于胡适先生的故事吗？

邓小南：我跟胡适先生从来没见过面，他 1948 年离开北大时我还没有出生。那时候北大还在沙滩红楼，教师的宿舍都分布在周围不太远的地方。大家现在去查北京的地图，有一个叫东厂胡同的地方。东厂是什么？东厂就是明代的特务机构。那个胡同的位置在现在的中国美术馆的正南方。东厂胡同 1 号是胡适先生住的地方。包括汤一介先生的父亲汤用彤先生、张政烺先生、我父亲他们都住在那里。那时候，胡适先生住在一个类似于四合院的小院子里，我们一家住在南墙那一排。胡先生是一个什么样的人，我也只是从各种回忆录里面知道的。我姐姐她们和胡适先生是直接接触过的，我大姐还帮他抄过稿子。

胡适是一个追求自由主义的学者，或者说是思想家。他的学术成就十分丰富，同学们可能都有不同程度的了解。我觉得他的自由主义体现在很多方面，比如说他从政治立场上来讲肯定是同情国民党，而不赞成共产党。但是解放前国民党特务来学校里抓进步学生，胡先生会尽力阻拦国民党的军警，不让他们进学校。他出于北大校长的责任，对学生的保护，对民主自由的追求，在这个时候做这种选择，并没有任何犹豫。

我也曾听我父亲说，当时北大图书馆的馆长叫毛子水(毛准)，有一次我父亲陪着胡先生从校长办公室出来，路过图书馆，看见一群学生围着毛子水，情绪很激动。胡先生就过去看，问出了什么事，原来是学生要订阅《新华日报》。《新华日报》是解放区出版的，是共产党的报纸，北大图书馆没有订。学生因为这件事非常愤怒地围着馆长在抗议。胡先生就说：“他们要订，就给他们订吧。”毛子水当时就说：“我是图书馆长还是你是图书馆长?”于是胡先生就沉默了。从这种大大小小的点滴事件，能感觉到他的自由主义理念贯穿于任何一个具体抉择，任何一次“第一反应”里。实际上，很多时候第一反应是非常重要的，它正是出于长期积累的直接态度。第一反应尽管并非深思熟虑，却往往能反映出最深处的内心抉择。

学生：我想问，在北大发展的过程中，北大精神是一种什么样的东西，和其他学校有什么不同？

邓小南：前两天，看见任彦申老师的文章，他说他在北大(做党委书记)的时候，一位中央领导跟他说，像北大这样的学校不能没有，也不能太多。我不知道这位“老领导”是谁，但我觉得他的说法很有意思。北大在学术上很有地位，但最重要的是她和国家民族的命运密切联系在一起，这样的地位是很特别的。中国近代化的过程本身很坎坷，而北大差不多是同时期诞生的，是在民族危亡之际成立的，一步一步走到今天。

老校长蔡元培先生主张“思想自由”“兼容并包”。我觉得北大的特质之一是追求独立精神，追求真理，不人云亦云、不追逐潮流。这也是真正的大学应有的精神特质。哈佛大学的校徽就体现着一种与“真理”同在的精神。这样的一种目标是要去追求的，而且是若干代砥砺前行，一代又一代师生的不懈追求。

独立精神作为近代的人文精神是非常可贵的。一个大学需要有效率，需要有发展，这些都是能够让大学成长起来的必要条件。但是在追求效率和发展的同时，国家民族的根本命运需要有社会脊梁来承担。这些精神渗透在北大师生的课内外活动和言谈举止中，延续民族血脉，培育青年人才。这种追求和坚持是值得的，这是一种真正的人文精神。

说到今天的北大，肯定存在很多方面的问题。但是我觉得，只要北大的人文精神还在，北大就是有希望的，独树一帜的，我们的老师和学生要共同维护一方人文圣土、学术净土，任重而道远。

（原载叶静漪主编：《北大教授茶座》第一辑，北京大学出版社，2016 年）

下篇　思念·追慕·忆往

父亲最后的日子

写下这个题目，心底再一次抽紧，平时总在憋忍着的眼泪，禁不住一下子涌了上来。

这半年来，我一直不敢想，一直不敢信，父亲真的远离我们而去了。家中他的书房、他的卧室，还是他熟悉的那些陈设；厚重的书柜中、宽大的书桌上，他常翻的书、常用的笔，也都一一照原样摆放，生怕他会临时因为找不到什么而着急。

寒冷而漫长的严冬早已过去，睡梦中，我却还是时时惊醒，问自己今天怎么还没到医院去看望病中的父亲。学校里有的老先生因病住进了友谊医院，师友们前往探望，我却不敢去，不敢踏入那以往曾经带着既焦虑又期盼的心情迈入的电梯，不敢经过那曾经如此熟悉的八区十号病房。

我也曾问自己对于这种情感是否不应放任，师长亲友也时常劝我说父亲走得尊严而又安详。可我知道，大家曾经有多少话想向他说而终于不敢；我更知道，他离开他作了一辈子的学问撒手而去是多么不甘心。

长期以来，我和父亲在一起生活，对于他执著于学术的顽强精神、他特立独行的处事原则，应该说体悟较深；但真正加深对于他的理解，还是在他患病住院的这半年中。

父亲住进医院的时候，我正在美国。家人、师友怕我着急，起初曾把消息瞒了下来。我得知音讯匆匆归国时，父亲已经动过了手术。那个又湿又闷的晚上，我带着女儿从机场赶到医院，在姐夫的陪伴下直奔病房。父亲看到我们，高兴之余似乎有点意外，第一句话是："呦，回来啦!"随即又略带嗔怪地说："本来没什么大毛病，你用不着提前回来。"看着父亲显得清癯的面孔，面对他一如往日平静自若的神情，我提醒自己应该放松，安慰自己也许情形不像估计的那么严重；可与此同时，我感觉到自己沿着喉咙吞咽下去的泪水，感觉到胸中搅动灼痛的强烈不安。

8 月中，父亲短暂出院之后，又因为发烧再度入院。在家的那几天里，他曾经迫不及待地为自己制定了恢复工作的时间表：从阅读报刊开始，逐步半日工作，争取两周后步行锻炼；他急切地叮嘱北大图书馆的沈乃文同志准备协助他修改《岳飞传》……以他的九十高龄，有如此众多的事情亟须着手，他在医院中格外焦躁，向主管医生、向校系领导、也向我们一次次提出出院的要求。

9 月 6 日，父亲的病情突然恶化，医生采取了紧急措置，一方面供氧、输液，一方面引流，右膊和鼻腔都插上了塑胶管子。即便如此，父亲的精神也没有垮。次日，他的老友、台湾大学教授王德毅先生及夫人来医院探望，起卧已经相当不便的父亲，以颤抖不已的手紧紧地握住笔，挣扎着在《邓广铭治史丛稿》的扉页签上名字，赠给德毅先生留作纪念。在其后的日子里，还有几次，父亲也是不顾我们的劝阻，为赠给其他几位先生的著作亲笔签了名。有时，为了字能成形，他让我捏着他的手写。我感觉到他的手抖动得多么厉害。每次签名之后，他总是怀有歉意地说："手抖，写得不好。"每逢此刻，我总要悄悄地背过身去，怕父亲看到我忍不住溢出的泪。

9 月 13 日那天，父亲的病势稍趋缓和，听到前来看望的阎步克教授称赞他"精神挺好"，他回答说："人是要有点精神的。没有精神，人活着就没有意义了。"在父亲最后的日子里，他不曾有一刻停止对于学术事业的追求。在他病情危重的时候，医生曾经既钦敬又心痛地抱怨说："他插着管子还看书！来了人，还跟人谈学问！"在病床上，父亲为修改讨论《辨奸论》真伪问题的文章，数次托人从医院中带出字条，条上的字迹扭曲叠压，令人读之心酸；他准备再度考辨陈亮文集的版本源流问题，反复思索着剖析问题的路径，打算与沈乃文君合写一篇寻踪溯源的文章；他考虑重写宋代几位重要历史人物的传记，斟酌着章节次第，甚至逐一排出了工作日程……

父亲人被“困”在医院，魂牵梦系的却是他在家中的书房。他告诉我，在他似睡非睡、神情恍惚之际，曾看见他那堆积盈室、无处不在的书。有次见他精神还好，又急于工作，我提出找一台便携式电脑，在病房中帮他写些小文章。父亲却露出不快的神色，责备我说：“你想到哪儿去了！离开我的书房，离开我的书，怎么能工作呢！”面对一心想着回到书房中去工作的父亲，我一时语塞。

《北宋政治改革家王安石》的校样，父亲坚持要看。起初他情况还好，《序言》部分，我先读一遍，他再读一遍。后来，他面部插了氧气管、引流管，手臂上在输液，仍然不听劝告，执意要我给他戴上花镜、拿着放大镜，把校样举到他的面前。此时此刻，我深深地体悟到支撑着父亲的那股精神力量，更加理解了父亲对于大事、小事那种近乎执拗的认真。

对于身后之事，父亲几乎没有提及。但在他很少能再工作的最后时光中，他认真地回顾过自己的一生。9月25日那天，静静的病房中只有我和父亲两人。他对我讲了长长的一段话，沉缓的语调中，流露出他的思考、他的信念。那神情、那话语，令人刻骨铭心。

父亲说：“我已经是九十岁的人了，不愿意留下什么遗憾——自己的遗憾、对别人的遗憾和留给社会上的遗憾。”

他说："我这些年做的事情就是要端正学风。学术都是不断发展的，我的认识也在进步。……我这个人，既非才子也非庸人，而是介乎二者之间的人。我的'三十功名'是从'尘与土'中爬出来的。这几十年来，我在学术上没有停顿，一是因为有大师指导；二是因为一直处在学术中心；三是因为我所交往、包括'交战'的，都是一个时代的人物，我批评别人也是为了自己的进步。我九十岁了，还在写文章跟人家辩论，不管文章写得好坏，都具有战斗性。我都是扎扎实实去做，也许有错误，自己也认错。"

谈到河北教育出版社准备将他的全部著述结集出版的计划，父亲肯定地说："几本人物传记都要改：《岳飞传》前一部分整个重写，后面有些部分可以从书中撤出来，单独成文；《陈亮传》也不难写，有个得力的助手，半年时间可以搞出来；《辛弃疾传》基础太差，还要多做一些准备。这些旧的书不能再印了，错误太多，留给后人可怎么得了！"

父亲的一生，应该说，有声有色，有棱有角。这一特性，一直坚持到他生命中的最后时日。10 月 1 日上午，他对我说："我死了以后，给我写评语，不要写那些套话：'治学严谨'、'为人正派'，用在什么人身上都可以，没有特点。"我知道，他一向反对四平八稳，反对人云亦云；他所追求的，是特立卓行、"博学于文、行己有耻"的精神境界。

对于自己的业绩与影响，父亲有着客观的估计。有一次，我与他谈及美国亚利桑那州立大学田浩（Hoyt Tillman）教授《功利主义儒家——陈亮对朱熹的挑战》一书中译本的序言，其中引述了父亲对于陈亮事迹及陈亮文集的考证意见，并且说“邓广铭教授是我的一位老师和朋友”，父亲感到十分高兴。澳大利亚国立大学的詹纳尔（W. Jenner）教授请我转告父亲“我们海外汉学家都读他的著作”，父亲却笑着摇摇头，说“这怕是言过其实了”。数日后，詹纳尔教授又转达了杨宪益先生的话，称我父亲为“当今真正的历史学家”，父亲听后严肃地说，这正是他的目标。

在那段日子里，父亲数次与我姐姐提及辛弃疾祭奠朱熹的文字：“所不朽者，垂万世名；孰谓公死，凛凛犹生。”在他写于二十九岁的成名作“《辛稼轩年谱》及《稼轩词疏证》总辨正”中，曾经说道：“这是宋宁宗庆元六年稼轩所作祭朱晦庵文中的几句，然而这几句竟成了任公先生的绝笔，事实上也就等于任公先生自己写就了挽词。”六十余年之后，这段沉郁而又慷慨的话语再度浮现于他的脑际。父亲的所思所想，使我们感受到他回首学术生涯、直面未知处境时的复杂心情，也感受到他在濒危之际依然坚毅刚强的意志。

10 月中旬以后，父亲的病情始终在反反复复，他的心情也愈益焦虑。尽管每次与人谈话之后他总感到头痛恶心，他还是不肯放过任何一个讨论学术问题、交代学术工作的机会。除我们姐妹为他代笔写信之外，他还字字口授，由曾经协助他工作的张希清、沈乃文执笔书写了致上海古籍出版社和河北教育出版社的函件，安排了《宋朝诸臣奏议》的出版事宜及他本人文集的编辑工作。14 日，他与刘浦江谈到新近出版的《辛弃疾诗文笺注》还要修改；26 日，28 日，提起《稼轩词编年笺注》一书，他说有不少注释需要修订，并且几次说："我现在还不能撒手人间，有这么多问题还都得改，现在呜呼哀哉可怎么行！"

以父亲的倔强秉性，他不愿意多想自己的病情，他只是一意前行，只想着什么时候可以出院。他曾经多次指着静脉输液的仪器，对前来探望的校系领导和朋友们说："什么事情都不做，成天看着这个，一滴、一滴，我真不甘心！"为了争取早日出院，从来不肯服汤药的父亲，咽下了一剂剂汤药；他强忍反复的呕吐，执意自己吃饭而不全靠点滴；只要能站起来，他就坚持在楼道中散步。住在隔壁房间的一位"老延安"，翘起拇指对我们说："这老汉(指我父亲)，真行！"

父亲长期不能出院，如何宽慰老人，成了医生与我们共同面临的难题。记不清有多少次我们依偎在他的床头，抚着他日渐嶙峋的手，劝他"既来之，则安之"，和他讲"欲速则不达"；一边在说，一边内心恼恨这般絮语的空泛无力。父亲焦虑而又无奈地点着头，与其说得到了启发，不如说这正是他每日里竭力说服自己的话。

面对闻讯而来探望的校系领导、朋友、学生，父亲只要稍有精神，总是谈笑风生。他憋不住满心的话，却又担心会耽误了人家的“正事”。因此，他总是嘱咐我们不要让大家来医院看他，他总是说：“我一个人不能做事已经不好，干嘛还要牵累那么多人!”听说季羡林先生要来看他，他说：“千万别让他到医院来，告诉他，我们还是在朗润园见面。”臧伯母郑曼来看他，他“埋怨”说：“克家是个病人，离不开人照顾，你不该来!”漆侠先生来看他，他“责备”道：“你的病刚好，还跑这么远来看我!”田余庆先生来看他，他说：“我这是小毛病，你的身体才该注意!”周一良先生手术后准备出院，一向不愿在医院中拍照的父亲，与周先生和正来探望的王曾瑜先生留下了一生中最后的一张合影。台湾“中研院”史语所的黄宽重先生前来探望，我们不敢告诉父亲他是自海峡彼岸专程赶来。他坐在父亲床畔，父亲紧紧握着他的手。想到两岸宋史学者自 1984 年在香港首次会面后建立起来的亲密关系，想到这将是永远的诀别，在场的人心中都很沉重。

12 月中下旬，父亲有时已经神智恍惚，但凡他清醒之时，他仍然一如往日，敏锐地关注着学术界的研究动态。20 日，我为父亲带去了上海华东师大刘永翔先生的一封来信，信中谈到了有关《辨奸论》真伪讨论的问题。我为父亲读信，他频频点头，不时让我重读未能听清的字句。片刻之后，他又说：“看看那封信……戴上大镜子(指放大镜)、小镜子(指眼镜)……”此时，父亲的视力已经相当差，他吃力地指着信上的一行行字迹，却终于难以辨识清楚。我不忍看他如此，便一字字指着，凑近耳畔，为他读了再读。读着读着，眼前的字迹愈益漫漶模糊了。

12 月底，父亲说话已经困难，却仍然惦念着外面的一切。一天，我刚进屋，他便扭过头来询问什么，我一时没有听清，他便变得愈发急切，说了几次，我才明白，他是在问：“最近报上有什么重要的消息?”过去，他常对人说，他是“家事、国事、天下事，事事关心”。的确，各类电视节目，他只看新闻联播；家中订阅的多份报纸，他常要从头条读到末版。以往我们曾经为此与他开玩笑；而在此时，我却不知该说什么才好。

父亲在濒于弥留之际，心中似乎还惦念着许多事、许多人。偶尔开口，他曾问起系里青年教师欧阳哲生的职称问题，他曾问起研究中心“臧健、小滕的女儿怎么样了?”他曾提起“中心要开一个会”；他曾拒绝接受输血，并且说“再这样(在医院中)住下去，历史系要‘破产’了”；他嘱咐待新版《王安石》正式出书，要请诸位先生“于便中审正”……元旦过后的 1 月 3 日下午，夏自强、郑必俊先生来医院探望，称赞新近面世的《北宋政治改革家王安石》，父亲听明白了，指着书对郑老师说：“送你一本!”这短短数字，是父亲表述清楚的最后一句话。

1998 年 1 月 10 日，张北强烈地震的那一天，父亲默默地走了。带着他毕生的成就，带着他难以释怀的遗憾，永远地离开了他生活了九十一年的这个世界。

我曾经不止一次想过，父亲在晚年是否曾感到精神深处的孤寂。作为女儿，我从学业到处事，都不曾使他满意。这种愧疚，直到今日仍在啮蚀着我的心。我曾经顾虑，父亲那渴求思想交流甚至交锋、耿介执拗而不肯随和的性格，他那从不左瞻右顾而径行直前的处世方式，是否能够得到一向感情深挚的朋友们的理解。

父亲辞世后，来自海内外各地雪片般的唁电、传真、信函，唁文中哀痛诚切的悼念，深深地震撼着我的心。

安卧在苍松翠柏、鲜花丛中的父亲，您可曾想到来自八方"高山仰止""国失导师"的悼文？您可曾注意到挽联上那"直道挺儒林，矫俗唯凭孤剑勇"的字句？您可曾听到您的几代学生在遗像前痛哭失声？您可曾读到几个月来您的老友和学生在报刊上追念您的文章？您可相信，您所追求的信念、您所希望执持的原则，会在后辈青年中舒展高扬？

亲爱的爸爸，安息吧！

（原载《仰止集——纪念邓广铭先生》，河北教育出版社，1999 年）

想念父亲

父亲离我们而去，已经有十四年了，但面对这一题目，情感上至今仍无法轻松。

在提及自己的学史经历时，我最怕听到的是“家学渊源”。在这方面，我清楚自己的差距太远。我是在而立之年才真正接触到历史学科。我知道，我走上史学道路，父亲是感到欣慰的。但在我的青少年时期，父亲从未刻意培养或限制我的兴趣；对于我的志向选择，也从未过多干预。这是出于父亲的开明，或者他心中可能曾有什么顾虑甚至难言之痛，以前我未曾想过。回头来看，父亲对我最深的影响，应该说是熏陶渐染的“平日不言之教”。

父亲去世前，在友谊医院的病房中，曾经对我说：“我这个人，既非才子也非庸人，而是介乎二者之间。我的‘三十功名’是从‘尘与土’中爬出来的。这几十年来，我在学术上没有停顿，一是因为有大师指导；二是因为一直处在学术中心；三是因为我所交往、包括‘交战’的，都是一个时代的人物。”

父亲从贫瘠闭塞的农村走出来，对于将他带入学界的前辈恩师，内心始终存有极为深挚的感念。他不止一次回忆说：“自从进入北京大学史学系读书以来，在对我的治学道路和涉世行己等方面，给予我的指导和教益最为深切的，先后有傅斯年、胡适、陈寅恪三位先生，他们确实都是我的恩师。”

父亲曾经说，解放初期江泽涵先生从海外回大陆，途经台北，傅斯年先生托他回京转达，他遗留在北平的书，都赠送给邓广铭。父亲说，傅先生太不了解大陆当时的情况了。但先生的这份嘱托，这份历久弥深的师生情谊，却一直珍藏在父亲心中。1996 年，为纪念傅斯年先生百年诞辰，应台湾大学逯耀东先生之邀，父亲写了《怀念我的恩师傅斯年先生》一文，刊登在《台大历史学报》上。当时他已年近九十，想起当年的情景，禁不住涕泪纵横。文章开篇部分，说“到一九五一年一月内，我闻悉傅先生逝世的消息之后，顾不得我应与他划清界线的大道理，不禁在家中失声恸哭起来。后几天，我就接到了陈寅恪先生《读〈霜红龛集·望海诗〉感题其后》一诗，知其为悼念傅先生而作，而我却没有敢写追悼傅先生的文字。”未撰文悼念傅先生，长期以来父亲引为内疚。此文的撰写，也是希望还却心中的夙愿。文章发表后，计划收入中国青年出版社的《学术文化随笔》丛书。1997 年出版前，编辑打来电话商议，要删去文中“失声恸哭”一句，说是显得“敏感”。那时父亲已经住在医院，我转达了编辑的意见，父亲断然回应说：“这句话不能删！要觉得‘敏感’，就把全文都撤下来吧，这本书也不用勉强出了。”

父亲坦率磊落的性格，即使在逆境中也表露无遗。1968 年我去了北大荒，父亲则在不久之后随北大教工“下放”到江西鲤鱼洲。或许是怕被检查吧，他的书信通常十分简单。我却从一位东语系老师那里，得知父亲在某次大会上，公开发言说：“大学还是要培养人材的。”那位叔叔赞叹道：“这是什么时候，你爸爸可真敢讲话！”

“文革”后期，一次我从东北回来探亲，陪父亲走在校园中，路上遇到老友，他们即站在道旁谈起话来。议论到当时的政治形势，父亲说：“这‘文化大革命’，一次就是七、八年，七、八年又要再来一次，这可怎么得了！”越说越激动，声音也不由得提高了。我四下看看，从背后推推父亲，他却不为所动。

“敢讲话”的父亲也有沉默的时候。父亲去世之后，我们清理他遗留的文字、物品，发现用层层报纸包裹、塑料绳捆扎的一些笔记本。其中有他三四十年代的课堂笔记，也有五十年代的某些会议记录。其中一个深色封面的小本，记的是批判胡适的动员报告，以及各级传达和群众的批判发言。本子中夹着一张没有署名的字条，上面写着：“该你发言了，你怎么一直不说话？”看着这没头没尾的一句，不难想到它的上下文，也不难理解父亲当时所面临的压力。

胡适先生牵系着父亲的学术生涯、北大记忆。当初他选定以宋史为方向，正与胡先生的殷切鼓励有关。大学四年级时，他选修了胡先生主讲的“传记文学习作”课程，以《陈龙川传》作为毕业论文，得到先生的具体指导和高度评价，由此开始走上了治宋史的道路。北京大学的档案馆，至今保留着1930年代学生们的选课记录。父亲毕业时的成绩单上，两门高达95分的成绩十分引人注目。其中一门，就是胡先生的“传记文学习作”课程①。

父亲曾经说，经历过无数次运动，经受了无数次批斗，他有屈从的时候，而未能如人赞誉的“宁折不弯”。但在他内心，一直没有放弃希望与追求。我常想，是什么力量支撑着这一代学人，在坎坷中仍能保持良知的底线，深藏自己的信念而不至沦落？父亲经常说到陈寅恪先生《王观堂先生纪念碑铭》中的文字，特别是其中“来世不可知者也，先生之著述，或有时而不章。先生之学说，或有时而可商。惟此独立之精神，自由之思想，历千万祀，与天壤而同久，共三光而永光”数句。这“独立之精神，自由之思想”，应该正是他们心底的向往，是

① 另外一门得到95分的课程是军事体育训练课。父亲曾说体育老师本来给他75分，而至少主要课程都在80分以上才能得到学校的奖学金。眼看生计无着，父亲去找体育老师请求帮忙。得知父亲其它成绩都不错，老师看看他说：“这‘8’可不好改。”沉吟片刻，提笔将“7”改成了“9”。对于这位同情贫寒学生的老师，父亲一直十分感激。

中国知识分子的襟怀与风骨所系。

看似淡薄人情的父亲，有很重情感的一面，他心中时常惦念着周围的同事老友。父亲多次说，周一良先生一辈子服从组织安排，为了工作需要，放下魏晋南北朝历史而去作日本、亚洲史，仍然成绩斐然。东洋史、西洋史都能做，这是其他学人所难以做到的。“文革”结束后，父亲应邀出任北京大学历史系主任。80 年代初，据说有人在内部会议上批评说，邓广铭的“拨乱反正”，不是要回到十七年(指新中国建立后到“文革”之前的一段期间)，而是要回到 1949 年以前，回到胡适、傅斯年的时代去。这成为导致父亲辞去历史系主任一职的原因之一。这些事情，他从不在家中商议，而一经决定，就一意前行。记得一天早上，他刚刚起床，就坐在床前跟我说，要向学校领导建议，请周一良先生出任历史系主任。他说，这是为历史系的发展着想，也是希望周先生能迈过梁效这个“坎”。周先生若能出来主持历史系的工作，精神面貌和外界的感受都将会大不相同。

1983 年秋商鸿逵先生突然过世。得知噩耗，父亲和我匆匆赶去向商伯母吊唁。路上他一直沉默不语，回家后即要我找出刘禹锡的集子，抚着“世上空惊故人少，集中惟觉祭文多”的诗句，久久不能自已。1994 年 3 月，他为《商鸿逵教授逝世十周年纪念论文集》题词，即“抄录唐代诗人刘梦得答白乐天怀念亡友元微之诸人诗之后四句，藉以发抒我对商先生怀念伤悼之情：芳林新叶催陈叶，流水前波让后波。万古到今同此恨，闻琴泪尽欲如何!”

对于后辈，父亲有严格要求的一面，也有尽力护佑的一面。他不仅爱才惜才，孜孜于培育史学人才，而且希望人人都能得到良好的教育、合理的机会。1960 年代前期，我的一位初中同学因凑不齐学杂费而辍学，父亲听说后，当天即让我赶到同学家中，把应该缴纳的费用带给她。此后的两年中，每个学期都是有我的一份，也有她的一份。父亲说他的家乡“是真正的穷乡僻壤”，对于从农村考入北大的学生，他通常多一份勉励。80 年代后期，他早离开了历史系的教学与行政岗位，却仍会为学生的遭际牵肠挂肚，寝食不安。1989 年夏，有些学生临时决定回家却无从筹措路费，父亲知道后，毫不犹豫拿出积蓄帮助他们。毕业班学生找工作困难，父亲不管是否熟识，都想方设法为他们帮忙。父亲去世之后，学生们回到母校，曾到父亲遗像前汇报他们的成就，一个个动情失声。

“文革”结束后父亲付梓的首部论文集，是 1994 年面世的《邓广铭学术论著自选集》。当时我曾帮他校订整理旧作，处理过一些鲁鱼亥豖的问题。该书正式出版后，父亲在扉页郑重地写上“小南吾儿存念　父字”数字。看着这遒劲而略带颤抖的字迹，到今天还是忍不住落泪。

前辈已经远去，作为后来人，诸多责任时在念中。

（原载张世林主编：《想念邓广铭》，新世界出版社，2012 年）

硕学宗师：缅怀郑天挺先生

对于北京大学、南开大学和国内历史学界的诸位同仁来说，郑天挺先生的名字可以说是一座不朽的丰碑。今天，我们在这里纪念郑天挺先生诞辰110周年，缅怀郑先生的治学精神和学术贡献，具有十分重要的意义。我谨代表中国史学会，对纪念大会的隆重召开，表示衷心的祝贺！

郑天挺先生一生致力于史学研究和教育事业，是卓越的学者，也是杰出的教育行政家。先生为人深沉，待人宽厚，处世澹然，事事置个人荣辱于度外，是时代浪潮的中流砥柱，为学术事业奉献了一生。

先生数十年如一日，探微治史，富于洞见，在古代史领域取得了丰硕的研究成果，是国内最具影响力的明清史大家。先生长期执教，呕心沥血，培育英才。先生在北京大学、南开大学长期担任教学管理与学术组织工作，无论动荡时期还是转型年代，临难不苟，指挥若定，器量恢弘，领袖群伦；既是北大师生公认的“舵手”，又是南开史学科的开山祖师。

中国史学会自成立以来，一直得到郑天挺先生的亲切关怀和鼎力襄助。从1980年起，郑先生出任中国史学会主席团成员，并担任执行主席。先生以他高山仰止的学识、远见卓识的才干，称得上20世纪中国史学界当之无愧的硕学宗师。

今天，作为郑天挺先生的后辈，我们要发扬先生执著的爱国主义精神，光大先生“求真”“求新”“求用”的治学思想，弘扬先生对教育事业竭诚奉献和对学术事业矢志不渝的探索理念，会同海内外学界同仁，以先生为楷模，共同推进我国史学事业的繁荣昌盛！

2009年8月

于南开大学“郑天挺先生诞辰110周年纪念会”

仰望大师：纪念唐长孺先生

唐长孺先生是 20 世纪杰出的史学大家。对于中国历史学界，他的名字代表着厚重的功业与永久的丰碑。今天，我们在唐先生长期执教的武汉大学缅怀先生的治学精神和学术贡献，继往开来，既有亲切的氛围，亦有重要的意义。我谨代表中国宋史研究会，对“唐长孺先生百年诞辰纪念国际学术研讨会暨中国唐史学会第十一届年会”的隆重召开，表示衷心的祝贺！

唐长孺先生是学界崇敬的卓越学者，他倾注毕生的心血，焚膏继晷，笔耕不辍，研究领域纵贯上古、中古乃至近古；他凭藉深厚的学养，形成了独特的学术理路和治学风范；他善于由此及彼、揭示重大问题，其见微知著的非凡洞察力，为学界树立了仰慕与效法的楷模。

唐长孺先生是杰出的学术组织者和引导者。他悉心培育的大批专业人才，成为今日史学界的领军人物；他领导总结的出土文书整理方法与学科规范，至今仍在发挥其深远影响力；他亲手创建的武汉大学中国三至九世纪研究所，作为中国古代史研究的重镇，在海内外学术界享有崇高的学术声誉；他参与发起的唐史学会、敦煌吐鲁番学会，活力盎然，始终是组织学术队伍的核心中坚。

先生的一生，既轰轰烈烈，又孜孜矻矻。为了自己挚爱的学术事业，先生不幸视网膜脱落而痛失个人的光明；与此同时，他却指引学界，造就了新学科的光明前景。先生对于人生的从容达观、对于理念的执著追求，处处使后辈感觉到“高山仰止”的无尽意涵。

当我们面对大师的时候，发自内心的“仰望”感总是十分强烈；但先哲寄希望于后辈的，却不仅仅是仿效。薪火相传的责任，历史地落在今人身上。对于先生的纪念会，也是唐史新篇章的研讨会，这正是先生的期待所在。

去年 8 月，承蒙武汉大学支持，“中国十至十三世纪历史发展国际学术研讨会暨中国宋史研究会第十四届年会”在珞珈山上顺利召开；今天，作为兄弟学会，我们诚挚地祝愿“唐长孺先生百年诞辰纪念国际学术研讨会暨中国唐史学会第十一届年会”圆满成功！

2011 年暑期于法国社会科学高等研究院

坎坷与博通：吴天墀先生百年

今天，我们云集一堂，在吴天墀先生长期工作和生活的四川大学，隆重纪念先生的百岁诞辰。请允许我代表中国宋史研究会，向先生致以追思、缅怀的崇高敬意，向先生的家属和学生表示诚挚的问候，也向本次纪念会的组织者四川大学历史文化学院表示衷心的感谢。

吴天墀先生是辽宋夏金史学界杰出的前辈学者。先生在距今80年前即开始发表史学论文，是当代宋史研究的早期奠基者之一。先生对西夏史的开拓性研究，构建起综合性的研究框架，“考订周详而不流于繁琐，叙事简明而不流于空疏”（蔡美彪先生语），诸多新见独具慧眼，至今仍是当代学者不可或缺的案头书。如张邦炜教授指出的，先生的许多作品虽然不以“探微”“钩沉”“发覆”为题，但细读之下即可感知，其“发前人未发之覆”处甚多，使读者如沐春风，感受到著者深厚的功底。

中国传统学术重在“博通”，吴天墀先生正是这一优良传统的突出代表。先生的深邃眼界与治学器局，先生厚积薄发、从容淡定的为文风格，先生探赜索隐的深厚学养，先生对于历史与当代的融通见解……凡此种种，都使我们深深地体味到一代史家的厚重、敏悟与睿智。

先生走过的学术道路，是中国知识分子曲折经历的缩影。前辈学人在逆境中弘毅顽强、百折不挠的矢志追求，是后辈效法的楷模。虽未曾入先生之门，但我对于先生的景仰与尊崇，一直珍藏在心中。从父辈那里，我得知先生曾经的坎坷，敬佩先生甘于寂寞之滨的孜孜矻矻，也由衷仰慕先生“能死非勇能生勇”、坚忍磨砺的执著。

2002 年 5 月，我受大百科全书出版社二版编委会委托，邀约专家修订中国历史卷“辽宋夏金”部分辞条。其中“西夏史”长条和一些短条，一版内容是先生撰写；二版修订，也希望能由先生指导完成。当时先生年事已高，听说已经基本谢绝了各类稿约，此时是否便于打搅，对此颇感犹豫。复生兄请示先生后告我，先生爽快地接受了约稿邀请，认为可以弥补以往“仓促”之不足。先生不仅提到多年前与我父亲的相知与合作，而且具体谈到了对于辞条压缩、修改、增补、调整等意见，以严谨的态度着手思考修订工作。这使我非常非常感动。这份学者对于学术事业的专注与眷恋，长辈对于晚辈的照顾与情感，我永远不会忘记。

这些年来，一位位老先生相继离我们而去，他们留下的未竟事业，留下的殷切期待，沉沉地压在后来人的心头。面对着前辈与后辈的希望，我们唯有努力，努力使历史学的生命之树长青。

2013 年 8 月于成都

读柴德赓先生《宋辽金史讲义》感言

能有机会为柴德赓先生的《宋辽金史讲义》写几段个人感言，就我来说，是一种意外，也是一种荣誉、一种责任。

2016年冬，柴先生女公子令文和嫡孙念东亲临舍下，惠赠商务印书馆出版的柴德赓先生《宋辽金元史讲稿》线装影印本，并且嘱我为讲稿的宋辽金史部分写一序言。我自知是柴先生的晚辈，学术上更是后来人，本没有资格为前贤讲稿作序；但面对这份诚挚的信任，目睹老先生潇洒流畅的手迹，心底涌起对柴先生的忆念与情感，因而觉得无法拒绝。于是呈上这一感言。

一

在我心中，柴先生庄重、温雅、慈祥。对柴先生初有印象，是在上小学的时候。记得先生曾经住在北京大学朗润园的专家招待所，先父邓广铭前去探望，也带我同行。当时还在两位父辈面前背诵了唐诗(已经不记得是哪一首)，大概完全没有吟诵的味道，我父亲并不满意，但先生还是勉励了一番。在家中，父亲母亲时常谈及柴德赓、刘乃和二位先生(刘先生曾经半开玩笑地称我为她的“干女儿”)，往来交际十分亲切。1964 年，先母过世，墓碑上的文字就是家父请柴先生书写的。

现在想起五十多年前的往事，会觉得，先父与柴先生的交情，不仅是性情的投契，也是由于学术上的相知。先生熟晓宋代史料，对于宋代历史进行过精深的研究。他于 1941 年发表的《宋宦官参与军事考》，至今仍是宋史学人的必读之作；1961 年发表的《陆秀夫是否放翁曾孙》一文，当时曾引发历史界、文学史界诸多大家的广泛关注。

柴先生与北大历史系也有深切的情谊。1962 年初，翦伯赞先生率北大历史系几位教师，集中在苏州撰写修订《中国史纲要》。当时柴先生在江苏师范学院主持历史系工作，是年 1 月 16 日的日记中说，得知“翦伯赞同志及北大诸君来苏编教材，约余相见，遂驱车前往，晤于礼堂。伯赞夫妇、邓广铭、田余庆、许大龄等均来，相晤甚喜。同观评弹、苏剧演出。”次日则称“携回《中国通史》(按指《中国史纲要》)初稿排印分册本，灯下阅之。言简意赅，无牵强附会、拖泥带水之病”。翦老的助手张传玺先生回忆说，《中国史纲要》文稿形成过程中，柴先生经常参与讨论，提出过许多有价值的意见；也曾

"全程陪同"北大一行，到寒山寺等处参观。那段期间，先生曾经邀请翦老和我父亲到江苏师院做学术讲座；1963 年，先生又应翦老邀请，到北京大学讲授"中国历史要籍介绍"课程。

二

《宋辽金史讲义》是柴德赓先生 1946 年在辅仁大学史学系任教时的讲稿。讲稿分为"宋之代周及统一""辽之兴起及宋辽之冲突""宋初制度""变法与党争""辽之衰落及金之兴起""金之侵宋""南宋建国及与金和战经过"等八个部分("第四"阙)，并附有"宋辽金史习题"十道。

这部《讲义》总计 30000 余字。讲义用于课堂教学的时候，正值抗战胜利不久，百废待举，诸事丛脞，文稿并未最终完成。但在这有限的篇幅中，柴先生以宋代政治史为主线，并及契丹/辽、女真/金的历史，勾勒出一个南北对峙时代的整体面貌。刘乃和先生曾经说，柴先生讲课"内容丰富，深入浅出，引人入胜。凡听过他讲课的，有口皆碑。"许大龄先生也回忆说，柴先生的授课"是最有魅力的，因为他不仅教历史知识，还教些历史方法"。从《宋辽金史讲义》的内容来看，先生"既教历史知识，也教历史方法"的特点是十分突出的。

《讲义》尽管是未完成稿，但已经呈现出两宋辽金历史的大体结构，基本脉络明确清晰。文稿含括时段自五代末年至南宋初年，依循政治史线索，对于其间的重要事件、重要制度，进行了有选择的交代，详略取舍自成一体。其中予人印象深刻的是，史界惯于铺陈渲染的“陈桥兵变”，包括事件发端、材料引述、概括点评，先生共用 249 字予以扼要说明；而通常不够重视的“黄袍加身”之后续事件，包括王彦升杀韩通、陶穀进禅文、殿前司调整等事，先生则用了近千字考订叙述。材料的疏密安排，显示出先生思考重点的不同，对于读者与学生关注点的引导也有所不同。

《讲义》各个部分，对于历史事实的讲述，都自基本史料入手，大量列举原文，引证丰赡。先生在其《史籍举要》一书中曾说：“研究一个问题，必须把和这个问题有关的史料尽量搜集起来，这是调查研究工作的最基本的条件。”《讲义》“宋初制度”一篇中讲“科举”，短短 689 字的篇幅中，依次引述了《宋史》《燕翼诒谋录》《能改斋漫录》《涑水记闻》《文献通考》《石林燕语》等史籍的记叙。广征博引的目的，在于引导学生丰富认识，进行比对。讲高梁河之战，先生比较了《续资治通鉴长编》《宋史》《辽史》中的相关记载，指出“《长编》有掩饰也”。《讲义》的这种撰写方式，具有那一时代的鲜明特色，也让我们想到先生长期倡导的“不发空论，讲事实”的学术风气，想到先生指引的“从目录学入手”，“以博学广读，为基础雄厚；以精读深研，为专门之学”的治史门径。

《讲义》存留的文字中，先生个人的表述并不多见。但每一评述按语，都寓含着先生对于史料、史事的犀利观察。引用李焘《续资治通鉴长编》卷一所说出兵陈桥前，“都下讙言，将以出军之日策点检为天子，士民恐怖，争为逃匿之计，惟内廷晏然不知”；先生指出：“陈桥兵变之事，《长编》《东都事略》《宋史》《涑水记闻》均载之，系预定计划，必非偶然发生之事。外间纷传，内廷不知，固可疑。”讲到太宗时期的宋辽会战，先生说，“宋初文人大抵欲用师”；讲到南宋高宗即位，先生批评“即位之初即杀陈东、欧阳澈，最失人心”。凡此种种，都显示出先生的敏锐洞察力。

如今，宋辽金史的讲义教材已经不少，但柴德赓先生七十年前撰写的这一部仍然有其独特的价值。相信《讲义》的读者都会从中感受到前辈学者严谨沉厚的学术风范，感受到史料研读对于历史学习的重要意义，也感受到薪火相传的责任在肩。

2017 年 8 月 6 日于北京大学

跟随王先生念书

2008年秋，我在台湾成功大学任教。9月里的一个晚上，突然得知王永兴先生去世的消息。当天夜里，辗转反侧难以入睡，当年王先生教我们“念书”的片段场景，一幕幕回放在眼前。

30年前，我从生活近十年的北大荒回到北京，考入北京大学历史系。我所在的中国史78级，是日后颇为老师们称道的一个班；但当我们入学之际，至少我本人，其实是懵懵懂懂的。上到二年级，刚调入北大不久的王先生和张广达先生合作讲授“敦煌学研究”课程，我们有些低年级的本科生也跟着研究生们去上。从那时起，就开始了先生们手把手教我们“念书”的过程。

先生们课堂上讲授的研究背景，提到的语汇、书名、人名、地名，对我们来说都十分陌生。为了便于指导，弥补我们的“先天”不足，王先生要求我们把课堂笔记交上去，逐一批改纠正，有时还会找学生去面谈。大到研究脉络，小到笔记字迹，先生都亲自过问指点。在这种严肃学术精神的感召下，学生们也协同尽力。记得有一次去先生宿舍的路上，为了先校正自己的错字，有同学边商议边俯身在路灯下修改。记不清有多少次，在健斋王先生的宿舍里，听先生讲学问、谈人生，看先生批改我们的习作。那时已近30岁的我，真有重做小学生的感觉，也深切体悟到什么是学术道路，感受到内心中强烈涌动的“再生”感。

当时我们在先生的指示下，编为不同的学习小组，有时利用晚上的时间集体阅读讨论。读到敦煌文书西魏大统十三年计帐户籍残卷，我们几个同学左右查考，反复讨论。天色已经很黑了，王先生来到31楼我们的宿舍，听罢大家的发言，脸上露出了欣慰的淡淡笑容。后来班里的男生曾经说，有次天下大雪，王先生顶着满身雪花，意外地出现在他们面前，参加了他们在宿舍中的讨论。

王先生对于国家、民族，对于学术事业的责任感，给同学们留下难以磨灭的印象。在他心中，一直有寅恪先生的精神风范，有振兴华夏文化的期盼；他说过在山西几乎走上绝路的苦痛，他挣扎下来是为了未竟的义务。为建设中国的敦煌学，先生研究不辍，诲人不倦，竭尽全力；为成立北大的中古史研究中心，建立学术研究的基地，先生以古稀之年上下奔波。在讲台上，先生总是从为人讲到治学；在课堂外，先生也引导我们学习阅读。念书时，一个个术语、一段段文章，如何理解到位，字斟句酌，从不含混。为培养学术队伍，播布学术种籽，先生在当时的条件下做了自己能做的一切。

正是在王永兴先生和张广达先生的悉心指导下，我们这些本科二年级的学生写出了自己的第一篇学术论文；在当年的课堂上，也走出了一批今日唐史学界、敦煌学界的学术中坚。

就我个人的经历而言，没有当年的王先生，也就没有我的今天。在我的第一本小书《宋代文官选任制度诸层面》出版时，先父邓广铭曾经写过这样一段话：

> 在真肯使用四把钥匙治学的青年学子当中，邓小南竟也是厕身其中的一人。照实说，她并不是在我的指引之下，而是在陈寅恪先生的及门弟子王永兴教授的加意指引之下而掌握了这一治学途径的。王永兴教授所开课程是隋唐五代史，隋唐的职官制度、隋唐职官制度中的铨选制度，属于王教授的重点讲授内容之一，使听课者均深受其益，而小南则又把她所传承于王先生者推衍到宋代职官制度和铨选制度的研究，终日甘居于寂寞之滨，孜孜矻矻地乐此不疲。①

书出版后，我捧给王先生，先生读到这段文字，感到兴

① 邓广铭：《邓小南〈宋代文官选任制度诸层面〉序言》，见《邓广铭全集》第10卷，184页，石家庄，河北教育出版社，2005。

奋而宽慰。先父勉励我“甘居于寂寞之滨，孜孜矻矻地乐此不疲”，这种精神，也是从许许多多前辈学者身上传承而来。

对于我，王先生是有所偏爱的。每当想起这一切，心情就很难平静下来。我感觉到这偏爱，主要不是在三十年前的课堂上，而是当我毕业之后。自从先生搬出朗润园，平日里很少见面，相互间似乎离得远了。但在晚年的先生心中，却从未忘记我这个学生。偶尔在校园中遇到先生，我总是陪伴走上一程；若逢先生离校，就送出西门去帮忙打车。先生每次见到我，总会握着我的手，谆谆询问的也总是同一句话：“小南啊，最近在念什么书?”许多时候，我竟一时语塞。自己经常忙于杂冗之事，难得专心念书，面对这殷切的期望与关心，真觉得愧对先生。

先生对我们这些后辈的情感，体现于时时处处。数年前我们中国古代史研究中心为先生做九十寿，我们在门口迎候，搀扶先生走进院落。那时先生已经认不出我，但在他的发言中，却数次提到“小南”。今年初春我从台湾回来，锦绣告诉我说，王先生去世前，一直挂念着我，在病榻上还反复念叨“小南”。话音未落，我已经满脸是泪。我知道，我们这些学生牵动着王先生初到北大时期的深切记忆，也关系着他对于学术事业薪火相传的期待。

跟随王先生念书的日子，是我们学术生涯的起步阶段，也是人生中充实美好的时光。逝去的光阴不会再来，但先生耳提面命的教诲、志在学术的追求，将永远深藏在我们心中。

2009 年春追念先生于德国维尔兹堡

漆侠先生与历史学

转瞬之间，漆侠先生已经过世十年了。——不能说这十年是在“不知不觉”中过去。先生的突然离去，带给我们内心的痛，真的是刻骨铭心。随着时光的流逝，对于先生的理解与仰慕，反而愈益切近而深沉。

想起漆先生，就想起他磅礴丰厚的学术成就，想起他宏阔开广的思想器局，想起他的凛凛正气与坦荡襟怀。他和无数中国知识分子一样，一生走过无尽坎坷的历程，而他历经坎坷却矢志不渝。回旋激荡在他胸中的，是正义、自尊与傲然之气；他所代表、所体现的，是道德文章“止于至善”的境界与始终昂扬独立的人格。

今天会议的主题是“漆侠与历史学”。把自己的名字与历史学联系在一起，成为历史学领域中的标志性人物，漆侠先生当之无愧。从根本上来说，历史学致力于反思，立足于批判。漆先生对于专制主义的深恶痛绝，对于文明进程的关注概括，鲜明犀利又融通切当。作为一位赤诚的马克思主义史学家，漆侠先生以他的著述，以他的治史方法和立世态度，为后人留下丰富的精神遗产。他的一生，处处洋溢着强烈的爱国主义情操、责任感和事业心。他从不苟且的严肃学风，带动着相关研究，也影响着一代学人。

漆侠先生主持中国宋史研究会达十年之久，培育了史学队伍，凝聚了海内外研究力量，提升了整体性的学术水平。先生筚路蓝缕造就的国内唯一具备规模的宋史研究中心，成为省属高校人文社会科学重点研究基地；先生亲自指导的学生，构成了今日宋史学界的核心与中坚。面对这样的成就，后来者无不景仰。

就个人而言，作为晚辈，我与漆侠先生有两代人的情缘。先生一直对我十分关切，我的第一本书，正是在先生的指点和支持下出版的。先父过世后，漆先生更成为我心中的依靠。2001 年 10 月最后一次在河北大学见到先生，先生勉励我说：写文章不必求多，要继续实实在在地做，争取“写一篇是一篇”。我顿时自心底感受到涌动的暖流。当年漆先生走得突然，我似乎也是在突然之间意识到自己内心深处距离先生竟是如此之近，痛感自己从此失去了一种引导支撑的亲切力量。

先生留下的责任，对后人来说意味着什么，是在这几年间，我才有更加清楚的体会。有些时候，我自己心中的话，会默默地向先生诉说。我总觉得，先生会理解，会明白，会知道他的后辈面临的重负与挣扎，也会鼓励我们去面对这一份历史的责任，引导我们走出迷惘和彷徨。

十年前，先生匆匆而去，留下了太多的遗憾与未竟的事业。今天的纪念，是对先生的汇报，也是对我们自己的警醒与激励。相信我们宋史学界的同仁，会同心同德，以切实的行动，弘扬共同的学术事业，以期造就既无愧于前辈学者、也无愧于当今时代的历史学。

（原载姜锡东主编：《漆侠与历史学：纪念漆侠先生逝世十周年文集》，河北大学出版社，2012 年）

先生的尊严：悼田余庆先生

12月25日上午，正在电脑前工作，眼前突然跳出一行邮件标题："关于田余庆先生的讣告。"讣告！田先生?! 头脑中顿时一片空白，完全不能相信这是真的。

不久前还在蓝旗营院里见到田先生和李阿姨一起散步，还陪伴两位老人回到十二号楼，搀扶先生走入电梯。挥手告别后，先生略含期待的声音"你好久没来了"一直萦绕在耳际，回家后还和我姐姐可蕴相约元旦去看望先生。先生怎么会不在了？

田先生常说，和我们一家有祖孙三代人的感情。长期以来，我父亲邓广铭与田先生始终是谊在师友之间。北平解放前夕，国民党搜捕进步学生，当时在校长办公室帮忙的先父得知消息，危急中透露给田先生，让他隐蔽起来。"文革"结束后，先父多次说周一良、田余庆都是"被捆绑"在梁效战车上的学者，力主让他们出任历史系的领导职务。先父从中国古代史研究中心主任退下来，也曾强烈希望由田先生出面主持中心工作。此事未能如愿，是先父晚年心中的一大遗憾。八十年代后期，田先生一度心脏不适，先父十分惦念。当时国内保健品相对匮乏，听说西洋参有助于保养，先父一直记在心上。1991 年我陪他去香港中文大学参加胡适先生诞辰百年的纪念会，从来未用过补药的先父亲自去中药店选购了上等的西洋参片，担心放在行李箱中被压，一路手提回来。每逢春天有人馈赠明前龙井茶叶，先父总是分出一份送给先生。这大大小小一件件事，田先生每每提及，常常感慨不已。

我的女儿林杉，是在田先生的亲切关爱下成长起来的。若有一段时间不见，先生就会问起。杉杉每次见到田爷爷，两人都会紧紧地拥抱。爷爷会拉着孩子的手，问长问短，时而开怀大笑。这份真挚的祖孙情，使我们都十分动容。

田先生去世后，在历史系的灵堂外，田立告诉我，亲人在整理先生遗物时发现，钱包中有一小本通讯录，上面除去家人的电话外，紧跟着就是学生步克、罗新和我们姐妹的电话。在田先生众多的学生中，可能我是唯一叫着“田叔叔”长大的。上世纪五十年代中期，田先生和先父及陈庆华先生、张寄谦先生一起编辑《光明日报·史学》，有时在中关园一公寓聚晤审稿，我不时在旁边嬉笑打扰。多年后田先生说起当年的小南，曾经意味深长地说：“可能是北大荒的十年，把你彻底改变了。”

1982 年我上研究生之后，曾经选修过田先生讲授的

“秦汉史专题”课程。先生开篇时曾说，若有上好的茶叶，宁可沏出一杯浓茶，而不要冲淡为一壶茶水。先生的这一信念，贯彻在他的每一著述之中。先生的追求不在于著作等身，而在于学术境界。他的著述，部部篇篇，都是学术的精品，都渗透着浓郁醇厚的韵味，酣畅周密又温润含蓄，沉潜细读才能体味其中的深意。魏晋南北朝史如今能够成为断代史中的“显学”，端赖几位史学大家及其弟子前后相继的精耕细耘。田先生课上讲过的许多内容我已经记忆不清，但这“浓茶”说，我却未敢忘怀，一直用以告诫自己，也告诫一批批的学生。

田先生给我们这些后辈印象深刻的，一方面是任何情况下儒雅从容的澹泊神态，另一方面是对于史学问题通彻犀利的洞察力。先生和当代大多数知识分子一样，一生跌宕波折。面对现实，有关切，有忧虑；但他也有大彻大悟，心地湛然，真正走出了时代造成的困境。与先生谈话，如沐春风；似探讨，像推敲。无论讲世事还是谈学术，无论我们情绪多么急迫，受到先生通达心境的感染，自己也会渐渐冷静下来。针对学生的疑难，先生曾经说：找不到研究题目，找不准研究方向，这是史学工作者的大忌。我毕业留校后，有一次和田先生说到自己研究中的困惑：有些问题，读的材料越多，越不敢下笔撰文。先生拍拍我的手背，勉励我说：这样就对了，经历过这样一个阶段，才能真正找到感觉。2002 年前后，先生曾经多次嘱咐我：受到历史系多年培养，应该为系里多做些事。为此先生还专门到过我家。我虽然没能报答先生的厚望，但先生的叮咛一直沉甸甸地落在我的心上。

先生很少参加社会活动，却十分了解学界情形；看似平静的外表下，有着深切的关怀。学术趋向、学人活动，无不在他惦记之中。这些年，我每次访问台湾回来，先生都会问及张广达先生的近况，总是会说“广达多年受委屈了”。张广达、邢义田先生先后成为台湾“中研院”院士，先生为老友的“实至名归”而由衷高兴。

仰望先生的遗照，总觉得似乎饱含期待，有话要说。记得 1998 年先父去世后，田先生多次宽慰我说，邓先生走得不失尊严，这对老人家来说，就是最好的归宿。在《邓师周年祭》一文中，田先生也说，邓先生走了。……没有呻吟，没有牵挂，保持自己的常态，保持一贯的尊严，潇洒而去，这是难得的完满。[①] 此后，“尊严”二字在我心中激荡多时，由此体悟到一代代前辈学人内心的追求与坚持。如今，田先生用九十岁的一生践行了学者的尊严，实现了“淡定人生，潇洒来去”的心愿，终至无恨无悔、山高水长之境。

田先生，田叔叔，安息吧！

（原载《上海书评》，2015 年 1 月 11 日）

---

① 参见田余庆：《师友杂忆》，41 页，北京，海豚出版社，2014。

天然清流，不杂渭泾：忆浦江

一

初次感觉到浦江身体欠佳，是 2014 年的 4 月 5 日。当时我在哈佛大学任教，北大的几位老师和学生们照例相约在清明时节去万安公墓为先父邓广铭先生扫墓。群发的邮件中写明了集合的地点：骑车去的同学在西门集合，和刘浦江老师一起出发。当晚的邮件中，得知浦江突然腹痛而没有去。我深知浦江对先生的情感，担心他的身体状况，心里顿时“沉”了一下。后来听说他又参加教学活动，以为应该没事了。孰料当月 12 日，就得知了他罹患癌症极度羸弱的消息。接到这越洋而来的电话，当即泪如泉涌。

我不知该如何宽慰浦江，也不知该怎么克制自己。不敢直接和他讲话，只能在邮件中跟他说：“这些年太辛苦了。……人生中总有一些‘坎’，你是意志力很坚强的人，一定能迈过去。只是别急。”

此后的几个月，一直在煎熬与希望交错中度过。去医院探望，8 人一间的病室，浦江坐在走道位置的病床上，因化疗反应而只能喝些果汁；即便这样，也未改变他爽快的谈吐风格。接下来出院，入院……直到 12 月 29 日。当天本来以为浦江是要出院的，没想到情况突变。晚上 7 点多，意外地接到浦江的电话，他边吸氧边讲话，声音低沉而断断续续。他说：“小南，我的病情现在全面复发了。我决定放弃治疗了。”我意识到浦江是来告别了，不禁脱口而出：“浦江，你别……”哽咽着再也说不下去。12 月 31 日，浦江回到家乡垫江。1 月 6 日深夜得知他辞世的消息，一夜无眠。尽管早有思想准备，却无论如何不能想象我们之中从此没有了浦江。

冥冥之中真是会有惊人的巧合。17 年前，浦江写过《不仅是为了纪念》一文，说“谨以此文纪念我的恩师邓广铭先生”。文章的最后一段，浦江说：

> 最后一次见到邓先生，是今年的一月七日。元旦前后，就听说医生已经给邓先生下了病危通知，这次去，是向他作一个最后的告别。当时他已昏迷多日，我真不忍心正视他那枯槁的容颜，默默地站了十分钟就退出来了。①

① 刘浦江：《不仅是为了纪念》，见《仰止集——纪念邓广铭先生》，510 ~ 511 页，石家庄，河北教育出版社，1999。

那是 1998 年。没想到 17 年后的 2015 年 1 月 7 日，我们一行数人奔赴垫江，去与浦江“作一个最后的告别”。

1 月 9 日东北义园与浦江的告别式、21 日北大人文学苑的追思会，许多朋友称之为“精神的淬炼”。系里世界史专业的许平教授在邮件中对我说：

> 跟浦江的接触不多，只是他做系副主任的时候有些工作上的联系。但就是那一些工作上的联系，我看到他极其认真的做事风格，也认识了他没有任何矫情伪饰，真诚坦荡的品格。他对学问的执着，面对生死的那份浩然正气更是深深触动了我。这大概是我们面对他的离世之所以这么悲，这么痛的原因。……本来相信他能走过这一劫。没想到天妒英才！心里真的很痛，很痛，为他惋惜！但在追悼会上，当你和学生致悼词的时候，我突然想到，浦江这一生值了！我身旁的徐健和潘华琼都这么想。
>
> 记得你说，准备出浦江的纪念文集，应该！不仅光大他的学问，更光大他的精神，他是一个有精神的人。期待！

浦江生命中最后的九个月，集中凸显出他的性格与特质。他离开之后，网上、微博、微信，多年的同事、普通的教师、往日的学生，一片痛悼。作为一名教员，这就是最好的安慰与表彰。

二

我和浦江同是北大历史系中国史专业的学生，先后只差一届，在校期间却并不认识。1987 年，在先父邓广铭支持下，他从中央党校调入北大中古史研究中心。浦江曾说：

> 每一想起邓先生，总是心存一份深深的感激，刻骨铭心。邓先生于我，可以说是一种知遇之恩吧。一个普普通通的青年，没有高学历，当时也还没有在学术上做出任何成绩，仅仅见过一面，晤谈了两个小时，就能预卜他未来的发展前景，看出他的学术潜能。我想说，邓先生确实不愧是一位大师。①

这一段话，在当时曾经引惹非议，但从中正可窥见浦江的自信与率真。他纪念我父亲的文章，题为《不仅是为了纪念》。其中的深意，今天我才更加明白。他对我父亲的理解，超过朋辈学生中的任何人。看着他写的《百年邓恭三》，感觉中恍如昨日。“恩师”这两个字在浦江心目中的位置，如朋友们所说，构成了现时的一段学术

① 刘浦江：《不仅是为了纪念》，见《仰止集——纪念邓广铭先生》，504 ~ 505 页，石家庄，河北教育出版社，1999。

佳话。

当年我父亲鼓励浦江做辽金史研究，并且把自己下过多年功夫的《三朝北盟会编》交给他，请他继续完成整理校勘工作。记得开始样稿部分时，我父亲要求浦江逐段抄录《会编》文字，在此基础上进行点校。周围一些同事建议浦江与邓先生“通融”一下，若能复印，则可省去不少时间。浦江执意按先生意见办。一次我回到家中，正逢先父批评浦江字迹不够清晰。送浦江出门时，我宽慰他说：“我父亲可能过于苛求，你别在意。”浦江微微一笑，说：“邓先生说得对。”看着他坦诚的目光，感觉到他心地的澄澈，真是十分难得。

十多年前，意识到国内学界对于学位学历的重视，我曾经劝浦江趁年轻时在职申请博士学位。他的回答十分简单：“谢谢小南。我不相信北大也没有学术判断力！”浦江在北大工作27年，他通过27年的精诚努力证明了自己。他本科毕业，没有高学历，却取得公认的成就，成为一流的学者和优秀的博士生导师。

“学术判断力”在浦江心目中占居重要的位置。他的学术判断力，来自于“独断之学”与“考索之功”。在辽金史研究中，他揭示出一些重要的议题，而且善于点破关键，对于繁难重大的问题往往有独到的见解。他将一时代的王朝史与北方民族史结合认识，对于辽金史的定位，以及如何深化相关研究有清晰的概念。他力图读“透”辽金史的文献，而且充分利用宋人记载，充分利用契丹等民族文字和考古材料，真正具备了对宋辽金史进行通体研究的眼界和学识。

浦江一方面学术敏感性、悟性突出，另一方面学术自觉性、自律性很强。他对学界整体脉络、演化趋势的把握，以及对个人治学目标、学问路径的认识都瞭然于胸，毫不混沌。浦江觉得，长期浸淫于一个学术领域未必是好事，可能意味着学术创造力的枯竭。他希望挑战重大题材，追求更为恒久的学术价值。他任教后，挤时间去中文系旁听训诂学的课程，请社科院民族所的刘凤翥先生教授契丹小字，与学生共同研读，力争把语言学、人类学与历史学紧密结合起来。早在 2004 年，他就在《中国社会科学》上发表了《德运之争与辽金王朝的正统性问题》，后来又在《唐研究》上发表了《正统论下的五代史观》一文。他力图突破王朝断代史隔离的界限，力图突破民族史和中原王朝史研究的藩篱，从更为弘阔的格局中深入观察古代中国的发展历程。他希望能对中国古代政治文化的整体脉络做一梳理，无论做哪一时期哪一方面的研究，都朝向这样一个通达而实在的目标。这些年里他以“华夷观念”为切入点，关注历史学视野中的正统论；他对前段的政治文化史包括南北朝隋唐的正统观念，后段像元明之际的民族主义想象乃至近代特定的历史语境之类，都有敏锐深到的研究。以他过人的资质，若能假以时日，做出来的成就应该是非常突出的。

三

1990 年代中期到 2005 年，我和浦江在历史系共同开设“宋辽金史专题”课程；其后我们也在宋辽金史方向共同招收研究生。在中心小院里，我们的办公室门靠门，学生们也都相互熟悉不分彼此。指导学生的事，在浦江心中份量很重。招生时的“挑剔”，刨根问底的了解，对于学术潜质的重视；学生正式报到前的“小灶”和入学后的“补课”，都给我留下深刻的印象。他从基本文献入手训练学生，标准从不含混，要求明确严格而具体到位。2005 年，台湾“中研院”史语所前所长黄宽重先生来北大讲学，辞行时对我说：“北大历史系的博士，应该形成品牌。目前是好的很突出，却也有很差的。”其后我和浦江说及这一评价，他沉吟良久没有说话。他自 2006 年担任历史系副主任，对于海内外历史学界的优长及短板一清二楚，对于学科发展不仅认识深刻而且路径分明。他为本科与研究生教学的改进殚精竭虑，对古代史博士论文的指导也不遗余力。他开设的《〈三朝北盟会编〉研读》和《〈四库全书总目提要〉研读》，是文史方向研究生收获最为丰实的课程，研读与实践结合，将学生们切实引入了“研究”的门径。2007 年以来，他负责中华书局二十四史点校本修订工程中的《辽史》修订，每个周末都带领学生集体读《辽史》，追踪史源，穷尽史料，逐字逐句讨论校订，非常有意识地在这样一个过程中，带出一批辽金史研究的新军。

浦江开口见心，坚持己见善于争议是出名的。但他争的，不是自己的地位和待遇。他去世后，大家才惊讶地发现，这么多年来，他竟然没有获得什么重要的奖项。他所坚持的，是心中的原则。事情堆到他面前，他处断迅速而从不推诿；面对学术议题，他畅谈所见而从不犹疑。2004 年我们中心“唐宋时期的社会流动与社会秩序”项目组去山西考察，随同参加的有考古文博学院的青年教师和博士生。回校总结时，他们印象最深的就是沿途听到王小甫、刘浦江等教授充满学术价值的高谈宏论，争议中处处是学术的锋芒与亮点。我和浦江同事多年，彼此的默契，并非来自行事风格的近似；恰恰相反，我做事优柔寡断而浦江则是思虑细密而行事果决。许多时候，我们对问题的看法并不一致，争执过后，有时他退让一步，说“谢谢”，这就是婉拒而暂停争议了；有时我沉默了，他会笑着对旁边的同事说“小南她不会这样做”，这是表示他理解我的想法而他的意见最终胜出了。凡此种种，无须解释，都凝聚为心领神会的感觉。我时常庆幸身在中古史中心这个纯净的环境中，同道之间的坦荡情谊，全然建立在事业的基础之上。

我们的同事说，刘浦江教授是真正学者的表率。确实如此。浦江是真学者，好老师。他有思想，有风骨，有干才，有境界，在喧嚣的环境中能够出淤泥而不染。

他是非判明，勇于是是而非非。借用宋人的话说，就是“质犹近古，纯正笃实”，“天然清流，不杂渭泾”。他面对学术议题的敏锐犀利，面对烦剧工作的尽责担当，面对挑战坎坷的达观执著，乃至他的严厉，他的风趣，他的脾性，都使他具有特殊的人格魅力。

浦江是个纯粹的学者，他的追求清清楚楚，人生干干净净。他对学术事业，对学生倾注了自己全部的心血。在最为痛苦的时候，他首先想到的，他念念不忘的，是《辽史》校点整理的收束工作，是尚待刊发结集的篇章，是学生的论文和今后的安排。他割舍不了的这一切，是在最后的时光中支持他顽强治疗的动力。浦江就像一支蜡烛，为学术，为学界，为学生，燃尽了自己。

2015 年 1 月 28 日于燕园

（原载《文汇报》“文汇学人”专栏，题为《天然清流，不杂渭泾：忆刘浦江教授》，2015 年 2 月 6 日）

我和三队的孩子们

“有多少往事，仿佛就在昨天；有多少朋友，仿佛还在身边。”每当这首歌词及旋律在耳边响起，我都禁不住想起那遥远而又亲切的往事，想起我生活了九年的雁窝岛，想起岛上无边无垠的滔滔豆海、滚滚麦浪，想起我们三队那一幢幢简陋却又温暖的土坯小房。在这一切当中，最使我牵念的，是三队那些顽皮而质朴的孩子们。

三队孩子的调皮出了名，而且“名不虚传”。我被派去连队小学校当老师，正上着课，忽然有人敲门，我打开门，一个学生肩搭麻袋跨进来，自称是“卖木梳的”；课间那么会儿工夫，又不知从哪儿冒出一串串的麻雀，一群学生兴高采烈地鼓捣着，准备下了课摆“百鸡宴”……这些都是“样板戏”里的情节。真令人哭笑不得。

可这也提醒了我们：孩子就是孩子，孩子们既好奇又充满了活力，他们向往真正绚烂多彩的生活。

于是，课外活动有了新的内容：不只是脱煤坯，割大豆，“学工、学农、学军”，还带孩子们到他们神秘地称作“古城”之处去“拉练”，带孩子们学演“红灯记”和“智取威虎山”。我们自作主张在校内组织成立了少先队，鲜艳的红领巾飘拂在孩子们胸前。

为了真正对得起这些雁窝岛的子弟，我们这些初中毕业生如饥似渴地充实着自己，又竭尽所能为孩子们创造良好的学习氛围。我们下挠力河割草、上完达山伐木，修缮教室、制作教具；我们四处找来各式各样的画报、图书乃至明信片，告诉孩子们世界之大、天地之广，千方百计启发他们的求知欲，开拓他们的眼界。

有的孩子学习基础差，上了两次一年级还数不到20；有的好歹上到五年级，写十个字倒有九个错。谁也说不清，为了让孩子们喜欢念书，我们多少次挨家走访、多少次上门补课。我还记得，一个暴风雪的晚上，为了不让等我的孩子失望，我照常走出宿舍。呜呜作响的“大烟泡”令人睁不开眼，从村东的宿舍往西走，抬起脚来竟总是向后退。我用力拽着手能抓到的树木枝干，时不时跌进路旁的沟里又爬出来，踉踉跄跄地总算挣扎了几百米路程，以连呼带喘的狼狈相，出现在惊讶的孩子们面前。

往事依依。说来都是那么平常，在我却是那么难忘。

我忘不了高高胖胖的王文凯。他在家是独子，大大咧咧惯了。头次见面，孩子们笑着介绍说，他写字总是

“半拉的”。可就是他，冬天清早总是第一个到教室，帮我劈木柴、点炉子……我们一起谈家常、改错字。一年后，他们上了“戴帽”初中。我改教三年级，却“镇不住”那些动辄“干仗”的小家伙。有一次我强忍着泪，几乎是跑出了教室。没想到，墙这边的动静牵动了墙那边“老学生”们的心。课后，文凯他们几个“老大哥”教训了小弟们，又远远地站到办公室窗外，默默地注视着我。我赶快拿起一张报纸，遮住了脸……

我忘不了黑黑瘦瘦的李继祥。那天傍晚，正洗着衣服，突然听说他打篮球受了伤，我扔下盆就跑。医务室内铺成了简易的手术床，分场的医生很快赶来了。继祥紧闭着眼，咬着嘴唇，死死地攥着我的手。手术自始至终，他不曾呻吟一声，却只是喃喃地说：“再也不打篮球了……”我的心紧缩着，一句话也说不出来，只用双手紧紧握着他的右手，希望能藉此传递给他一点力量。事后，闯了祸的孩子去道歉，病床上的继祥却忙着安慰人家。两人从此成了好朋友。

我忘不了好学懂事的张春生。一次语文课上，我用教鞭戳了一个玩得上瘾的学生的肩膀，引起全班一阵哄笑。下课了，班长春生走过来，细声细气却很干脆地说：“我们给你做教鞭，是让你讲课的，不是让你戳人的！”话音未落，他的脸蓦地红了，似乎做错了事的不是我，而是他。看着削得光光滑滑、白净中透着青绿的教鞭，我重新意识到孩子们对于我的期望。

我忘不了，那年夏天，我发高烧，一个人在宿舍昏睡。迷迷糊糊地觉得手边什么东西热乎乎的，睁眼一看，是两个新煮的大鹅蛋。宿舍的窗台上，不知什么时候添了一大把蓝、白、黄、绿相间的野花，插在盛满清水的罐头瓶中。

我忘不了，那年我被连队职工投票推荐上大学，一级级考试都通过了，最后却因为父亲是“反动权威”而被师里退下来。孩子的家长们听说了，纷纷跑来安慰我。小东宁的妈妈开口便说：“不去更好，我们更高兴！你不走，我们东宁也不用发愁了！”我开始一愣，随即心里又热乎起来。这些家长，有的曾是岛上传奇式的人物、小说《雁飞塞北》中的原型，更多的则名不见经传，默默地尽着本分，却很少夸耀过自己的奉献。那些年，“读书无用论”正时兴，“文化水儿”不多的家长却说：“让孩子多念点书比啥都强”；“师道尊严”正挨批，家长们却说：“孩子交给老师了，不听话，该打该骂由你们！”我自己走了也好，不走也好，都得对得起这些善良、实在的雁窝岛人。

此时此刻，一个个孩子的面庞浮现在眼前。品学兼优的孙星华，恢复高考制度的第一年就考入了全国重点大学。是他的封封来信，点燃了我心头的火；第二年，我也参加了高考的行列。机灵慧黠的于星湖，眼珠一转一个点子，课前课后问题不断；前几年，他的学生竟也报考了我们北大历史系。憨厚“内秀”的虞宏军，聪明颖悟却不爱写作业；后来竟成为专职的共青团干部，又做了律师。单纯正直的曹淑芹，过去一发言就脸红，如今听说当了雁窝岛的广播员。而春生，那个腼腆坦诚的孩子，却因为一次车祸而意外地离去了。噩耗传来，我久久不敢相信。更不应该的是，竟又因此而不敢再给他的亲人们写信，不知道该说什么，去抚慰那一颗颗伤痛的心。

这些年来，有的学生曾来北京找我，有的介绍了他们的学生，有的带来了自己的孩子或者是孩子的照片（有的孩子竟比我女儿还大）。但更多的学生我却无由得见，不知他们可还记得曾经有个“邓老师”？

在“文革”阴霾不散的年代中，北大荒的沃土承载了我们。雁窝岛，我魂萦梦绕的地方；三队的孩子——今日雁窝岛的建设者们，你们可好？

（原载蒋元明主编：《往事·1967—1969 写真》，题为《当小学老师》，百花洲文艺出版社，1999 年，内容有增添）

后　记

这些年，在工作中随手写下一些文字，其中有著述序引、访谈记录、会议致辞，也有对逝去的亲人、师友的怀念。这些短篇，承载着若干往事的片段。其中最早的文字，写于 1990 年代末；最为晚近的，则写在 2017 年 9 月。如今重拾这些文字，勾连起一幕幕往日情景，回首当年道路，心底涌起不少感慨。

我们的青年时代，经历过个人无从选择的岁月，也有坎坷之后的追求。步入中年，有些事情是自己主动投身其中的，也有并非情愿却不得不走向台前的情形。从“知天命”到年逾“耳顺”，本以为处事会更加成熟、应对会更为从容；却未想到诸多不曾预料的考验，构成对于自己的又一波精神历练。该如何选择该怎么走，曾经有许多难寐的夜晚，有许多内心的冲突与挣扎。我记得在自己感觉犹豫的时候，朋友们“应该担负的责任，总要去面对”的提醒；记得在自己考虑退却的时候，耳边“再坚持一下”的勉励；也记得在自己显露疲惫的时候，同伴们热切的分担和学生们殷切的照顾。是前辈师长、同辈朋友、后辈学生的激励与支持，让原本随遇而安的我一直走到今天。

对我来说，这是一条长路。长路上留着一代代人的足迹与印痕。我们有过迟疑有过惶惑，有过崎岖有过周折，但也有携手尝试与努力，有相互理解与抚慰，有漫漫路途中的执著与坚持。有友人同行，有家人相伴，路上的求索寻觅，路旁的密林浓荫，都带给行路人“乐在其中”的感悟和信心。

我们身后的历史、面对的前程，本就是无尽的长路。道路仍在前方延展。心中有不曾放弃的目标、不能割舍的标准，探索中前行，相信会有希望会有未来。

小书中的这些文字，内容分散杂陈，但都是多年间一路走来的印迹，权且以“长路”为题。文字因应一时需要而作，从未想过将其结集出版。感谢北京师范大学出版社谭徐锋先生，由于他的建议和督促，才有了这本小书。也要感谢北京大学历史系的硕士生李灵均，是他精心着力帮忙，核对材料，反复校订，提供多次技术支持，才使篇章的收集编辑及整理修订过程较为顺畅。

邓小南

丁酉中秋，北大静园二院

图书在版编目(CIP)数据

长路：邓小南学术文化随笔/邓小南著．—北京：北京师范大学出版社，2020. 1 （2021.4 重印）
（新史学文丛）
ISBN 978-7-303-25194-0

Ⅰ. ①长… Ⅱ. ①邓… Ⅲ. ①随笔－作品集－中国－当代 Ⅳ. ①I267. 1

中国版本图书馆 CIP 数据核字(2019)第 221229 号

营销中心电话 010-57654738 57654736
北京师范大学出版社谭徐锋工作室 http://xueda. bnup. com

CHANGLU DENGXIAONAN XUESHU WENHUA SUIBI
出版发行：北京师范大学出版社 www. bnup. com
北京市西城区新街口外大街 12-3 号
邮政编码：100888
印　　刷：北京盛通印刷股份有限公司
经　　销：全国新华书店
开　　本：890 mm×1240 mm 1/32
印　　张：10. 125
插　　页：8
字　　数：180 千字
版　　次：2020 年 1 月第 1 版
印　　次：2021 年 4 月第 2 次印刷
定　　价：59. 00 元

策划编辑：谭徐锋　　责任编辑：李云虎　姚安峰
美术编辑：王齐云　　装帧设计：王齐云
责任校对：康　悦　　责任印制：马　洁